Marius Metzger

Erwachsenenbildung in der Sozialen Arbeit

VS COLLEGE

Marius Metzger

Erwachsenenbildung in der Sozialen Arbeit

VS COLLEGE

Bibliografische Information der Deutschen Nationalbibliothek
Die Deutsche Nationalbibliothek verzeichnet diese Publikation in der
Deutschen Nationalbibliografie; detaillierte bibliografische Daten sind im Internet über
<http://dnb.d-nb.de> abrufbar.

1. Auflage 2011

Lektorat: Dorothee Koch

VS Verlag für Sozialwissenschaften ist eine Marke von Springer Fachmedien.
Springer Fachmedien ist Teil der Fachverlagsgruppe Springer Science+Business Media.
www.vs-verlag.de

Umschlaggestaltung: KünkelLopka Medienentwicklung, Heidelberg
Gedruckt auf säurefreiem und chlorfrei gebleichtem Papier
Printed in Germany

ISBN 978-3-531-18202-5

Inhalt

Abbildungsverzeichnis

Danksagung

Das vorliegende Buch hätte ohne die Mithilfe zahlreicher Personen nicht entstehen können. Mein besonderer Dank gilt den Studentinnen Margrit Huber, Sandra Jakob, Gwendolin Nussbaumer-Brunold, Nadine Oetterli, Silvia Muff, Evelyne Krieger, Ella Graf, Melanie Grünenfelder und Janine Hess, welche Fachpersonen der Sozialen Arbeit zu ihren Erfahrungen in der Bildungsarbeit befragt haben. All jenen Fachpersonen, welche sich die Zeit genommen haben einen Einblick in ihre Praxis zu geben, sei ebenfalls gedankt: Rita Aemmer von der Pflegekinder-Aktion Bern, Josef Vogel von der Pro Infirmis Bern, Marianne Kehrli vom Sozialberatungszentrum Luzern, Roland Reisewitz von der Fachstelle gegen Männergewalt, Pia Schneider von der Fachstelle Frau, Arbeit und Weiterbildung, Georgio Wiss und Martin Ineichen vom Büro Win, Joder Regli von den Bewährungs- und Vollzugsdiensten des Justizvollzuges des Kantons Zürich und Jörg Häfeli vom Swiss Institute for Responsible Gamblin in Luzern. Darüber hinaus möchte ich auch meiner Kollegin Maria Solèr und meinem Kollegen Beat Schmocker für die erhellenden Diskussionen über die normativen Handlungstheorien danken. Und last but not least danke ich meiner Familie für das Verständnis, die Geduld und die Unterstützung.

1 Einleitung

Unter Erwachsenenbildung wird im Allgemeinen das fremd- und selbstorganisierte Lernen Erwachsener in Gruppen verstanden: „Erwachsenenbildung steht begrifflich für eine offene, allgemeinbildende, vor allen Dingen kulturelle, soziale und politische Persönlichkeitsbildung durch Aufklärung, Wissensvermittlung und Kompetenzentfaltung" (Dewe, 2005, S. 141). Im Gegensatz zu selbstorganisierten Formen des informellen Austausches wie beispielsweise in Selbsthilfegruppen, werden in der Bildungsarbeit formale und nonformale Lerngelegenheiten geschaffen und durch eine Fachperson moderiert. Erwachsenenbildung in der Sozialen Arbeit wird demgegenüber auch als Ressourcenarbeit betrachtet, deren Ziel in der Stärkung von materiellen, instrumentellen, körperlichen, psychischen, sozialen, kulturellen und ökologischen Ressourcen besteht (Miller, 2002, S. 182). Deren Bildungsangebote richten sich jedoch nicht primär an Problembetroffene, sondern auch an Problemmitverursachende, Multiplikatorinnen und Multiplikatoren sowie potentielle Ressourcengeberinnen und Ressourcengeber. Eine sozialarbeitsorientierte Bildungsarbeit macht indessen „[...] nicht nur Angebote, sondern kennzeichnet sich durch kommunikative Austauschprozesse dahin gehend, was für die einzelnen TeilnehmerInnen Sinn macht, welchen Zugang sie zum Angebot finden bzw. wie das Angebot auf die Belange der AdressatInnen prozesshaft anzupassen ist" (Miller 2003, S. 43). In Zusammenarbeit mit den Adressatinnen und Adressaten kommt es also zu einer Koproduktion von Hilfe, welche in der Mitgestaltung des auf ein soziales Problem gerichteten Bildungsangebotes besteht.

Die didaktische Gestaltung solcher Bildungsangebote vollzieht sich allerdings nur in begrenztem Masse praxisfeldspezifisch, sondern vielmehr praxisfeldübergreifend sehr ähnlich. Miller (2003) untersuchte erwachsenenbildnerische Angebote in so unterschiedlichen Praxisfeldern der Sozialen Arbeit wie beispielsweise Erwachsenenbildung in der Suchthilfe oder Erwachsenenbildung in der Gemeindeentwicklung. Die Ergebnisse ihrer Studie zeigen, dass trotz einiger Unterschiede eindeutige Gemeinsamkeiten in Bezug auf die didaktische Konzeption solcher Angebote festgestellt werden konnten. So lassen sich in all diesen Angeboten voneinander getrennte Phasen der Planung, Durchführung und Evaluation ausmachen, welche in sich sehr ähnlich strukturiert sind. Dieser Befund deckt sich auch mit Analysen auf theoretischer Ebene. So kommt bei-

spielsweise Sommer (2009) in seiner vergleichenden Analyse konkurrierender
didaktischer Konzepte der Sozialen Arbeit zum Schluss, dass diese ebenfalls klar
voneinander getrennte Phasen der Planung, der Durchführung und der Evaluation ausweisen. Für die Bildungspraxis der Sozialen Arbeit bedeutet dies, dass bei
der Realisierung eines Bildungsangebotes zur Überwindung einer sozialen Problematik die obengenannten Phasen vom konkreten Praxisfeld weitgehend unab-
hängig ähnlich durchgearbeitet werden. Diese Ähnlichkeit erklärt sich durch den
Anspruch, solche Bildungsangebote an der Teilnehmerorientierung und der
Handlungsorientierung als den grundlegenden didaktischen Leitprinzipien der
Erwachsenenbildung ausrichten zu wollen. In aller Regel wird in der Praxis hierzu erst eine didaktische Analyse mit dem Ziel durchgeführt zu prüfen, ob das
geplante Angebot den jeweiligen Teilnehmenden gerecht wird und deren Handlungsmöglichkeiten erweitert.

In der Praxis wird bei der Abarbeitung dieser Phasen der Fokus auf die
konkrete Ausgestaltung des Bildungsangebotes gelegt. Die Frage, ob überhaupt
ein Bildungsangebot die adäquate Antwort auf die soziale Problematik ist, wird
in aller Regel nur marginal behandelt. Entsprechend gross ist bei einem solchen
Vorgehen die Gefahr, dass im gut gemeinten Eifer in jedem Fall ein Bildungsangebot als vermeintlich beste Lösung für die soziale Problematik resultiert und
erst anschliessend didaktisch legitimiert wird. Es darf in diesem Zusammenhang
daher die meines Erachtens berechtigte Frage aufgeworfen werden, ob nicht
vorrangig, also an allererster Stelle, eine grundlegende Beurteilung der sozialen
Problematik vorgenommen werden muss, damit anschliessend eine Entscheidung
über die erfolgsversprechendste sozialarbeiterische Intervention respektive
Handlung gefällt werden kann. Darüber hinaus besteht bei einem vorschnellen
Entscheid zugunsten der Realisierung eines Bildungsangebotes auch eine gewis-
se Verführbarkeit dahingehend, dass sich hier die Soziale Arbeit ausschliesslich
mit gesellschaftlich anerkannten sozialen Problemen beschäftigt, wie sich beispielsweise bei der immer wieder anzutreffenden Forderung nach Elternbil-
dungskursen für Eltern mit gewalttätigen Jugendlichen zeigt. Vielmehr muss die
Macht des Faktischen hinterfragt werden, also „zu erkennen, dass die vorfindli-
che gesellschaftliche Bildungsrealität nicht nur allein deshalb, weil sie so und
nicht anders existiert, bereits die vernünftigste und wirksamste Form der Organisation von Lehr-Lernprozessen darstellt" (Arnold, 2008, S. 221). Die Soziale
Arbeit ist also nicht nur bei gesellschaftlich anerkannten sozialen Problemen
gefordert, sondern sie muss sich auch für jene Individuen einsetzen, welche unter
einer Lebenssituation leiden, für welche sich die Gesellschaft nicht oder nur in
begrenztem Mass verantwortlich fühlt, wie dies beispielsweise bei den so genannten „Sans-Papiers" (vgl. Widmer, 2003) der Fall ist. Aus diesem Grund

benötigt die Soziale Arbeit ein erweitertes Problemverständnis, welches Schmocker (2006) treffend wie folgt umschreibt:

„Die praktischen Aufgaben, die Menschen im Zusammenhang mit den Interaktionen zu anderen Menschen und ihren Positionen und Rollen innerhalb ihrer sozialen Umgebung lösen müssen, sind als *soziale Probleme* zu bezeichnen. Die Bedeutung des Begriffes ‹soziales Problem› […] liegt also in einer zu lösenden Aufgabe, einer praktisch zu erfüllenden (sozialen) Arbeit, die allerdings manchmal auch schwierig und herausfordernd, ja unlösbar sein kann. Ziel des Lösens solcher sozialer Probleme ist es, als Individuum ins ‹Soziale› integriert und von diesem getragen zu werden, wenn es darum geht, die eigenen existenziellen Bedürfnisse zu befriedigen und damit ein menschliches Leben vollziehen zu können. Gelingt die Lösung nicht, kann das für das betroffene Individuum und denjenigen, die von ihm abhängig sind, schwerwiegende und behindernde Folgen haben" (S. 388).

Auf der Grundlage eines solch erweiterten Problemverständnisses scheint es aussichtsreich, soziale Probleme vorrangig in einen grösseren Kontext zu stellen und erst dann die eigentliche Entscheidung über die erfolgsversprechendste sozialarbeiterische Intervention respektive Handlung zu treffen. Einen aussichtsreichen Vorschlag zur Bearbeitung von sozialen Problemen in einem solch grösseren Kontext macht Obrecht (1996), welcher hierzu die Abarbeitung eines universalen, handlungstheoretisch fundierten Problemlöseprozesses vorschlägt. Unter Bezugnahme auf Schmockers (2006, S. 388) „zu lösende Aufgaben" sollen in Handlungssituationen der Sozialen Arbeit durch rationale Prozesse als problematisch bewertete Ausgangssituationen in erwünschte Zielsituationen überführt werden. Obrecht (1996) differenziert hierzu den Problemlöseprozess in einzeln zu bearbeitende Phasen, welche als Orientierungshilfen der Komplexität und Dynamik sozialer Probleme gerecht werden sollen. Es geht dabei darum, das für ein professionell begründetes Handeln notwendige Wissen zur Lösung von praktischen Problemen durch die systematische Bearbeitung dieser Phasen zu erzeugen (Obrecht, 2006):

„In der Sicht der Allgemeinen Handlungstheorie des Systemtheoretischen Paradigmas der Sozialen Arbeit […] ist eine professionelle Handlung das Ergebnis einer Abfolge von (durch bewusste Werte angetriebenen) methodisch kontrollierten kognitiven Operationen, in deren Verlauf nach und nach alle Fragen geklärt werden, die zur Entwicklung eines Handlungsplanes führen […], dessen Realisierung die professionelle Handlung darstellt und in dessen Mittelpunkt die Anwendung einer Methode steht" (S. 431).

Diese einzelnen Phasen können nach Obrecht (1996) wie folgt voneinander unterschieden werden: In der ersten Phase wird die Situation analysiert, um die Situation beschreiben und erklären zu können. In der zweiten Phase wird eine Prognose bezüglich einer hypothetischen Entwicklung erstellt und durch eine Bewertung der Situation der Handlungsbedarf für die Soziale Arbeit ermittelt. In der dritten Phase werden Ziele erarbeitet und deren Realisierung geplant. In der vierten Phase werden Methoden ausgewählt und der Interventions- oder Handlungsplan wird implementiert. In der fünften und letzten Phase wird die Entscheidung bezüglich Verfahren gefällt und evaluiert.

„Anzumerken ist, dass die Abarbeitung dieser Phasen Könnerschaft voraussetzt, welche Professionelle der Sozialen Arbeit in ihrer täglichen Arbeit und in Zusammenarbeit mit ihren Adressantinnen und Adressaten einbringen können. Staub-Bernasconi (2007, S. 205) formuliert prägnant: „Sozialarbeitswissenschafter(innen) erdenken zusammen mit ihren Adressat(inn)en und unter kritischer Berücksichtigung gesellschaftlicher Vorgaben den besten Weg, um den Sprung vom Ist- zum Sollzustand zustande zu bringen."

Im Folgenden soll der Problemlöseprozess zur Bearbeitung von sozialen Problemen anhand des Phänomens Cannabiskonsum bei Jugendlichen und jungen Erwachsenen veranschaulicht werden. Das hier behandelte Phänomen ist nicht zufällig ausgewählt, sondern nimmt Bezug auf das Bildungsangebot „SuchTrunden Cannabis", welches noch ausführlicher dargestellt wird (vgl. Praxisbeispiele). Weiterführende theoretische Überlegungen zur handlungstheoretischen Fundierung des Problemlöseprozesses finden sich bei Obrecht (1996).

Phase I: Situationsanalyse

In der ersten Phase des Problemlöseprozesses werden relevante Informationen über die Situation mit dem Ziel gesammelt, diese beschreiben und erklären zu können. Die Situation kann mit Geiser (2007, S. 39ff.) durch die Merkmale der Individuen als Komponenten sozialer Systeme, die Interaktionen zwischen den Individuen sowie den Beziehungen zur Systemumwelt dargestellt werden.

In Bezug auf das Beispiel der cannabiskonsumierenden Jugendlichen respektive jungen Erwachsenen bedeutet dies, dass deren Situation erst umfassend beschrieben werden muss: Aus dem verfügbaren Beschreibungswissen über den Cannabiskonsum Jugendlicher respektive junger Erwachsener werden unter Zuhilfenahme des Cannabis-Berichtes der Eidgenössischen Kommission für Drogenfragen (2008) exemplarisch einige biopsychosoziale Merkmale des Cannabiskonsums zusammengetragen: Bezüglich der körperlichen Merkmale stehen die Schädigungen der Atemwege und Lungen im Vordergrund, da der Rauch von Joints durchschnittlich fünfzig Prozent mehr krebserregende Stoffe als filterlose Zigaretten aufweisen (Ministry of Public Health of Belgium, 2002, Henry, Oldfield & Kon, 2003, Aldington, Williams, Nowitz, Weatherall, Pritchard, McNaughton, Robinson & Beasley, 2007). Im Hinblick auf die psychischen Merkmale sind insbesondere Abhängigkeit, Stimmungsverschiebungen und kognitiver Leistungsabfall nachgewiesen worden (Messinis, Kyprianidou, Malefaki & Papathanasopoulos, 2006, Budney & Hughes, 2006). Zum Risiko, an einer Schizophrenie zu erkranken, liegen keine eindeutigen Befunde vor. Zum gegenwärtigen Zeitpunkt erscheint die Hypothese am wahrscheinlichsten, dass entsprechend vulnerable Personen ein erhöhtes Schizophrenierisiko aufweisen (Fergusson, Poulton, Smith & Boden, 2006). In Bezug auf die sozialen Merkmale ist insbesondere die Kriminalisierung der Konsumenten und Konsumentinnen hervorzuheben. Allerdings sind bei Jugendlichen der Verzicht auf Bestrafung oder blosse Verwarnung möglich (Art. 19a BetmG). Aufgrund des härteren Vorgehens gegen Hanfläden und Hanfanbau hat sich die Beschaffung in den letzen Jahren auf Freunde und die Gasse verschoben (Annaheim & Gmel, 2008).

Für die Erklärung des Cannabiskonsums wird Wissen zusammengetragen, um anschliessend Hypothesen über das Zusammenwirken verschiedener Faktoren erstellen zu können, welche die Situation bedingen und aufrechterhalten: Hierzu werden verschiedene Erklärungshypothesen vorgeschlagen, wobei insbesondere der Probierkonsum häufig mit der Identitätssuche in der Adoleszenz begründet wird (Flammer & Alsaker, 2002, S. 314). Die Erreichung eines Rauschzustandes kann beim ersten Experimentieren mit Cannabis ein wichtiges Motiv darstellen, da die Erfahrung eigener Grenzen und die bewusste Grenzverschiebung als wichtiger Teil der Identitätsentwicklung im Jugendalter und frühen Erwachsenenalter gelten dürfen. Der Konsum von Cannabis ist oft aber auch, über die Identitätsentwicklung von Individuen hinausgehend, ein wichtiger Teil der Entwicklung und Festigung von Cliquenidentitäten und dient hier dazu, sich von anderen jugendlichen Cliquen abzugrenzen. Flammer und Alsaker (2002, S. 197) geben allerdings mit Recht zu bedenken, dass innerhalb von Cliquen nur relativ eingeschränkte Möglichkeiten für die Identitätsentwicklung der einzelnen Mitglieder bestehen, da Cliquen verhältnismässig abgegrenzte Identitäten repräsentieren. Wetzstein, Erbeldinger, Hilgers und Eckert (2005, S. 210) führen aus: „Die Jugendlichen setzen diesen biographischen Erfahrungen die Sicherheit einer geschlossenen Gruppe gegenüber, die hohe Solidarität und die Ausrichtung auf das Gemeinschaftliche erbringt." Identitätsbestärkende Gruppierungen sind jedoch für Jugendliche insofern von Bedeutung, als dass sie gerade in der Adoleszenz die Bestätigung ihrer Interessen und ihres Selbstkonzeptes einfordern. Kritisch gilt zu bedenken, dass von Cliquen auch Gefährdungen ausgehen, da riskante Verhaltensweisen in Cliquen häufig ein identitätsstiftendes Element darstellen (Metzger, 2008). Die Arbeit mit solchen Cliquen gestaltet sich oft als äusserst anspruchsvoll, da aufgrund deren Geschlossenheit die Offenheit für ein Nachdenken über einen alternativen Umgang mit dem eigenen Cannabiskonsum verunmöglicht werden kann. Insbesondere dann, wenn der Cannabiskonsum ein identitätsstiftendes Element der Cliquen darstellt, werden Beeinflussversuche von aussen aufgrund der systeminhärenten Logik der Gruppe Reaktanz auslösen. Dieser Widerstand gegenüber der Einschränkung der eigenen Freiheit zeigt sich in dem Bestreben, die verbotene Handlung auch weiterhin zu zeigen, um damit die bedrohte Freiheit zu verteidigen oder wiederherzustellen (Brehm & Brehm, 1981).

Phase II: Prognose, Bewertung und Problemermittlung

In der zweiten Phase des Problemlöseprozesses werden Aussagen darüber erstellt, wie sich die Situation ohne Veränderung weiterentwickeln würde. Die Erstellung einer solchen Prognose ist auch deswegen von Wichtigkeit, weil sich die beschriebene Situation nicht zwingend in Richtung einer zunehmenden Verschlimmerung verändern muss. Vielmehr ist ebenso denkbar, dass die Individuen aus eigener Kraft oder mit sozialer Unterstützung aus dem eigenen Umfeld die Situation bewältigen können. Unter Umständen wären in diesem Fall Veränderungsversuche seitens der Professionellen sogar kontraproduktiv, da den Individuen die Möglichkeit zu entsprechenden Erfahrungen von Selbstwirksamkeit respektive sozialer Unterstützung verwehrt werden. In Bezug auf die Einschätzung der Situation des Beispiels der cannabiskonsumierenden Jugendlichen respektive jungen Erwachsenen müssten also prognostischen Überlegungen einbezogen werden: Zu berücksichtigen wäre hier insbesondere die aus verschiedenen Studien hervorgehende Erkenntnis, wonach ein früher Beginn regelmässigen Konsumierens später oft mit einem risikoreichen Konsum einhergeht, was sowohl im europäischen (Kokkevi, Gabhain & Spyropoulou, 2006) als auch im schweizerischen (Neuenschwander, Frick, Gmel & Rehm, 2005) Kontext nachgewiesen werden konnte. Dieses Konsummuster unterscheidet sich deutlich vom weit verbreiteten, einmaligen Probierkonsum, nach welchem die meisten Jugendlichen ihren Konsum einstellen (Deutsche Hauptstelle für Sucht, 2007).

Von der Annahme ausgehend, dass die Soziale Arbeit für soziale Probleme zuständig ist, muss die prognostizierte Situation als soziales Problem bewertet werden können. Diese Bewertung referiert nicht auf persönliche Werte als vielmehr auf kollektive Werte, welche in einer Berufsethik der Sozialen Arbeit begründet liegen. Ein Handlungsbedarf für die Soziale Arbeit ergibt sich allerdings nur, wenn die betroffenen Individuen über zu wenige Ressourcen verfügen, um die Probleme aus eigener Kraft zu bewältigen. Im Hinblick auf die Bewertung des Beispiels der Situation der cannabiskonsumierenden Jugendlichen respektive jungen Erwachsenen ist also weniger der Probekonsum, sondern der Regelkonsum im Hinblick auf die beschriebenen biopsychosozialen Folgen als problematisch zu bewerten. Darüber hinaus ist ein übermässiger Drogengebrauch bei jungen Menschen auch deswegen als problematisch zu werten, da eine daraus resultierende Drogensucht eine Suchterkrankung über die Lebensspanne begründen könnte (Mann, Laucht & Weyerer, 2009). Umgekehrt kann eine in der Jugendzeit erfolgte Weichenstellung im Hinblick auf einen kontrollierten Umgang mit Drogen wie Cannabis, Tabak und Alkohol auch zu einer Habitualisierung eines als günstig zu wertenden Verhaltens führen. Richter (2005) betont in diesem Zusammenhang die Wichtigkeit der Jugendzeit im Hinblick auf die Ausbildung von gesundheitsrelevanten Verhaltensmustern:

„Mit anderen Worten werden in diesem Alter für die meisten Jugendlichen die „Weichen" für die gesundheitliche Situation im Erwachsenenalter gestellt. […] In diesem Alter werden Stile im Umgang mit dem Körper geprägt und gesundheitsrelevantes Verhalten eingeübt und gefestigt. Gesundheitliches Risikoverhalten, das im Jugendalter habitualisiert wird, hat sowohl kurz- als auch langfristige Auswirkungen auf das Krankheitsgeschehen und das Wohlbefinden. Dabei ist zu beachten, dass Verhaltensweisen, die in frühen Jahren entwickelt und verfestigt wurden, im späteren Lebenslauf schwierig zu ändern sind. Gerade im Jugendalter sollte also auf diese Aspekte der Gesundheit ein besonderes Augenmerk gelegt werden." (S. 63).

Aufgrund der Bedeutsamkeit des jugendlichen Gesundheitsverhaltens im Hinblick auf eine hypothetische Zukunft kann zusammenfassend also davon ausgegangen werden, dass bei Jugendlichen mit einem als ungünstig zu wertendem Konsummuster ein Handlungsbedarf gegeben ist.

Phase III: Zielsetzung und Planung

In der dritten Phase des Problemlöseprozesses wird die Situation auf mögliche Veränderungen geprüft. Zu diesem Zweck werden Ziele definiert, damit der zu erreichende Zustand möglichst genau beschrieben und dessen Erreichung geplant werden kann. Die Entwicklung von Zielen verfolgt dabei den Anspruch, als problematisch erkannte Zustände in positiv bewertete Alternativen überführen zu können. Bei der Zielentwicklung auf der Ebene der Arbeitsbeziehung sollen die Interessen der Adressatinnen und Adressaten möglichst einbezogen werden, da ansonsten Widerstand gegenüber der Vereinnahmung durch fremde Kontrollinteressen droht. Im Gegensatz zu einer fremdbestimmten Zielentwicklung muss bei einer selbstbestimmten Zielentwicklung dem von sozialen Problemen betroffenen Subjekt damit zwingend nicht nur in Bezug auf die Organisation der Handlungen zur Erreichung der geforderten Ziele Autonomie zugestanden werden, sondern vielmehr auch im Hinblick auf die Ausgestaltung dieser Ziele. Einschränkend muss dabei allerdings auch bedacht werden, dass sich insbesondere bei gesetzlichen Aufträgen die Mitbestimmung bei der Zielsetzung nur in einem sehr engen Rahmen bewegen kann. Gleichwohl ist es auch hier möglich und sinnvoll, die Adressatinnen und Adressaten innerhalb eines eng gesetzten Rahmens eigene Ziele formulieren zu lassen. Je enger dieser Rahmen allerdings gesetzt ist, desto grösser wird auch die Gefahr, dass die Subjekte aussen vor bleiben. Galuske (2007, S. 56) betont: „Die technologische Beherrschung von Menschen in Situationen kann nun sehr leicht die Machtbalance zugunsten der SozialarbeiterInnen verschieben […]. Ob diese Gefahr wirklich existiert, ist allerdings weitgehend davon abhängig, wer im Interventionsprozess die Ziele setzt." Werden diese Ziele unreflektiert fremdbestimmt, so erhöht sich die Wahrscheinlichkeit für Widerstand seitens der Adressatinnen und Adressaten. Die Schwierigkeit einer solchen Herangehensweise liegt dann hauptsächlich auch darin begründet, dass bei diesen Widerständen die Möglichkeit negiert wird, dass das Individuum Gründe für sein Verhalten haben könnte (Holzkamp, 1987, S. 182ff.).

Im Hinblick auf das Beispiel zur Situation der cannabiskonsumierenden Jugendlichen respektive der jungen Erwachsenen bedeutet dies, dass die Jugendanwaltschaft mit dem gesetzlichen Auftrag den Rahmen für die weitere Arbeit an Zielen schafft. Die Soziale Arbeit kann innerhalb dieses Rahmens gemeinsam mit den Jugendlichen und den jungen Erwachsenen Ziele entwickeln. Die im Rahmen der Cannabisrunden geschaffenen Möglichkeiten zur kritisch-unvoreingenommenen Auseinandersetzung mit dem eigenen Konsum bietet den Jugendlichen und jungen Erwachsenen die Chance zur Setzung eigener Veränderungsziele im Rahmen des Bildungsangebotes. Durch dieses Vorgehen lässt sich die Motivation der Teilnehmenden erhöhen, da Bezüge zu eigenen Zielen hergestellt werden können (Faulstich & Zeuner, 2008, S. 79). Die Umsetzung eines solchen, an den Zielen der Teilnehmenden orientierten, Vorgehens wird mit der so genannte Teilnehmerorientierung daher zu Recht als eines der zentralen didaktischen Prinzipien bezeichnet (Miller, 2003, S. 56). Neben den Zielen auf der Ebene der Arbeitsbeziehung müssen allerdings auch professionell begründete Ziele gesetzt werden, welchem im Hinblick auf die Veränderung der als proble-

matisch bewerteten Situation relevant sind. Die Veränderung der problematischen Konsummuster kann hier als zentrales Ziel definiert werden, welches sich
über die Veränderung des gesundheitsrelevanten Verhaltens erreichen lässt.
Beim vorliegenden Beispiel fällt nun allerdings auf, dass die Jugendanwaltschaft scheinbar keine weiteren Möglichkeiten zur Erreichung dieses Zieles
prüft, sondern ihr Klientel direkt an das Bildungsangebot „Cannabisrunden"
weiterweist. Zwar entspricht die Weiterweisung von Jugendlichen an Bildungsangebote einer gängigen Praxis für die Sekundärprävention bei polizeilich erfassten Jugendlichen (Soellner & Kleiber, 2005), allerdings scheint dieses Vorgehen
zulasten einer kritischen Methodenprüfung zu gehen. Hierbei gilt jedoch zu bedenken, dass das Bildungsangebot ursprünglich als Projekt des Drogenforums
Innerschweiz und der Jugendanwaltschaft entwickelt worden ist. Die kritische
Prüfung und Auswahl der Methoden hat also bereits zum Zeitpunkt der Projekt-
entwicklung stattgefunden.

Phase IV: Entscheidung und Implementierung des Plans

In der vierten Phase des Problemlöseprozesses wird mittels geeigneter Methoden
eine Abfolge von Handlungen festgelegt, welche dazu dienen soll, die herausge-
arbeiteten Ziele zu erreichen. Die Einpassung dieser Handlungsabfolge in Handlungspläne richten die ausgewählten Methoden auf die Zielerreichung aus. Solche Handlungspläne umfassen in der Regel Überlegungen zu Rahmenbedingun-
gen, handlungsleitenden Konzepten, Arbeitsprinzipien, Arbeitsformen, Interaktionsmedien und Methodenwahl (vgl. Stimmer, 2000, S. 4).
Im Kontext der weiteren Ausführungen zur Situation der cannabiskonsumierenden Jugendlichen respektive jungen Erwachsenen erscheint insbesondere
die Entscheidung über die Arbeitsform von zentraler Bedeutung. Hier ist die
Entscheidung zugunsten der Arbeit in Gruppen mittels der Interaktionsmedien
Bildung und Erziehung bereits getroffen und im Rahmen einer didaktischen
Planung umgesetzt worden: Im Bildungsangebot „SuchTrunden Cannabis" setzen sich die Teilnehmenden im Rahmen von zwei professionell geleiteten Abenden mit dem eigenen Konsum auseinander. In der Gruppe diskutieren und reflektieren sie unter Anleitung der Leiter positive und negative Effekte sowie Erlebnisse in Zusammenhang mit dem eigenen Cannabiskonsum. Darüber hinaus
werden die Teilnehmenden über die Wirkungen des Cannabiskonsums sowie das
Betäubungsmittelgesetz informiert und aufgeklärt. Das Bildungsangebot „Such
Trunden Cannabis" eröffnet den Teilnehmenden damit die Möglichkeit, im Peer-
to-Peer-Kontakt eine eigenständige Position zum Cannabiskonsum zu entwi-

ckeln. Sie sollen befähigt werden, einen eigenverantwortlichen Umgang mit dem Cannabiskonsum zu finden.

Phase V: Evaluation

In der fünften und letzten Phase des Problemlöseprozesses wird die definitive Entscheidung über die Auswahl der geeigneten Methoden gefällt, indem die Methoden auf gewünschte Wirkungen und ihre Angemessenheit hin geprüft und gegeneinander abgewogen werden: Bezüglich des Beispiels zur Situation der cannabiskonsumierenden Jugendlichen respektive der jungen Erwachsenen haben sich das Drogenforum Innerschweiz und die Jugendanwaltschaft für die Methode Arbeit in Gruppen mit den Interaktionsmedien Bildung und Erziehung entschieden, was sich bisher auch bewährt hat. Der Erfolg dieses Bildungsangebotes liegt wohl auch darin begründet, dass ein aussichtsreicher peer-to-peer Austausch ermöglicht werden kann, welcher in der Suchtprävention der letzten Jahren erfolgreich erprobt wurde: „Besonders bewährt haben sich dabei „peer-to-peer"-Projekte und die Einbeziehung selbstkritischer KonsumentInnen. Der Austausch mit Gleichaltrigen, Gleichgestellten oder mit reflektierten Erfahrenen erhöht die Glaubwürdigkeit aufklärerischer Botschaften" (Franzkowiak & Schlömmer, 2003, S. 179). Darüber hinaus ist auch der Verzicht auf eine eigentliche Gesundheitsbelehrung als sinnvoll zu werten, da sich die Vermittlung von Informationen als alleinige Präventionsmassnahme als wenig erfolgreich erwiesen hat: „Verhaltensprävention durch überkommene Formen der Gesundheitsaufklärung und -belehrung [...] hat sich als insgesamt wenig effektiv erwiesen. Insbesondere Verhaltensweisen, die als Teil einer Lebensweise über viele Jahre habitualisiert, gewissermassen eingewachsen sind, lassen sich isoliert nur schwer beeinflussen (Rosenbrock 2006, S. 1095). Demgegenüber erscheint die Anstiftung zum kritischen Nachdenken über den eigenen Konsum aussichtsreicher: „Es kommt darauf an, Fragen so aufzugreifen oder aufzuwerfen, dass es zum Nachdenken, zu Gesprächen und eigenen Nachforschungen motiviert. Selbstgewonnene Erkenntnisse haben einen grösseren Einfluss auf Einstellungen und Verhalten als passiv konsumierte Informationen" (Franzkowiak & Schlömmer, 2003, S. 179).

2 Planung eines Bildungsangebotes

Kann nach Abarbeitung der fünf Phasen des Problemlöseprozesses eine Entscheidung zugunsten eines Bildungsangebotes gefällt werden, so stellt sich die Frage, wie bei der Planung eines solches Bildungsangebot vorgegangen werden soll. Im Folgenden sind mit der Bedarfsanalyse, der Zielgruppenanalyse, der Lernzielfestlegung, der Planung sowie der Öffentlichkeits- und Vernetzungsarbeit die wichtigsten Schritte zur Planung eines Bildungsangebotes beschrieben, wobei sich die Ausführungen am Phasenmodell von Quilling und Nicolini (2009) orientieren. Ergänzt werden diese Ausführungen mit illustrativen Zitaten von Leiterinnen und Leitern von Bildungsangeboten im Kontext der Sozialen Arbeit.

Bedarfsanalyse

Der für ein bestimmtes Bildungsangebot nachzuweisende Bedarf kann über Recherchen, Befragungen und Beobachtungen erhoben werden. Vielfach ergeben sich auch aus der Arbeit mit Klientinnen und Klienten respektive im Kontakt mit zuweisenden Stellen Ansatzpunkte für die Entwicklung von entsprechenden Angeboten. In der Regel können so jene Richt- oder Leitziele ermittelt werden, welche in abstrakter Form die obersten erwachsenenbildnerischen Absichten festlegen. Diese Richt- oder Leitziele müssen dann zu einem späteren Zeitpunkt allerdings noch in Grob- und Feinziele überführt werden.

Neben der Ermittlung von vorhandenen Bedürfnissen dient die Ermittlung des Bedarfes auch dazu, die nötigen Kompetenzen für infrage kommende Bildungsanbieter zu definieren. Über das themenspezifische Wissen hinaus, ist hierbei zumindest eine erwachsenenbildnerische Grundbildung von Nöten. Allerdings ist eine solche erwachsenenbildnerische Grundbildung zwar eine notwenige aber keine hinreichende Voraussetzung für die erfolgreiche Durchführung von erwachsenenbildnerischen Angeboten. In der Praxis zeigt sich nämlich immer wieder, dass insbesondere mit dem Thema des Angebotes hoch identifizierte und motivierte Fachpersonen für die erfolgreiche Durchführung eines Bildungsangebotes von zentraler Bedeutung sind:

„Wir haben immer wieder gemerkt, dass es nur dann funktioniert, wenn ein paar Leute wirklich dahinter stehen und sagen ‚das machen wir'. Wir reden von einem engagierten Haufen, das braucht es."

Zielgruppenanalyse

Die Analyse der Zielgruppe wird für gewöhnlich sowohl anhand relativ globaler Kriterien wie Geschlecht, Alter, Herkunft, Bildungsstand etc. als auch anhand spezifischer Kriterien wie Behinderung, Delinquenz, Krankheit etc. vorgenommen. Aufgrund der Kenntnis über diese Kriterien kann je nach Zielsetzung eher auf eine homogene respektive eine heterogene Gruppe hin gearbeitet werden. Homogene Gruppen werden in der Praxis in der Regel dann angestrebt, wenn im Bildungsangebot der Vermittlung von Wissen einen hohen Stellenwert zukommt. Heterogene Gruppen haben demgegenüber den grossen Vorteil, dass aufgrund der unterschiedlichen Hintergründe der Bildungsteilnehmerinnen und Bildungsteilnehmer, bei einer gleichzeitig bestehenden kollektiven Betroffenheit, deren Wissen und Erfahrung im Bildungsangebot genutzt werden kann:

„Eine homogene Gruppe sollte aber nicht das Ziel sein, denn schlussendlich verbindet sie ja das Thema und diese Mischung entspricht auch der Realität im Alltag."

Zu diesem Zweck empfiehlt sich die Einführung eines Aufnahmeverfahrens, in welchem die Kriterien für die Aufnahme in das Bildungsangebot geklärt werden können. Ein solches Verfahren erlaubt neben der Eignungsprüfung auch die Klärung von Erwartungen und Anforderungen, welche den Aufbau von Vertrauen fördert:

„Ich denke länger je mehr, dass es richtig ist, gute Abklärung zu machen und sich wirklich zu überlegen, ob jemand in ein Programm eintreten will und wenn nicht, dass er erst teilnimmt, wenn er Einsicht hat und man merkt, er will das."

Eine besondere Bedeutung kommt der Motivation der Bildungsteilnehmerinnen und Bildungsteilnehmer zu. Hierbei gilt sich zu vergegenwärtigen, dass bei freiwilliger Teilnahme das Interesse am Bildungsangebot und zumeist auch eine intrinsische Motivationslage vorausgesetzt werden kann. Im Zwangskontext muss dagegen von einer extrinsischer Motivationslage ausgegangen werden, bei welcher insbesondere zu Beginn die Lernziele transparent gemacht werden müssen. Hierbei sollen die Bildungsteilnehmerinnen und Bildungsteilnehmer allerdings nicht nur für die fremdgesetzten Lernziele gewonnen, sondern auch die selbstbestimmte Formulierung eigener Lernzielen ermöglicht werden.

Lernzielfestlegung

Lernziele sind in aller Regel in ein Gesamtkonzept des Bildungsangebotes eingebettet, welches auf der vorangehenden Bedarfs- und Zielgruppenanalyse basiert. Diese Lernziele können in Richt-, Grob- und Feinziele unterschieden werden:

- Richtziele beschreiben in abstrakter Form die obersten erwachsenenbildnerischen Absichten wie beispielsweise „Soziale Kompetenzen verbessern".

- Grobziele bezeichnen konkrete Ziele für eine bestimmte Lerneinheit wie beispielsweise „Konfliktgespräche führen".

- Feinziele beschreiben detailliert das angestrebte Endverhalten der Bildungsteilnehmerinnen und Bildungsteilnehmer wie beispielsweise „Unterscheidung unterschiedlicher sozialer Situationen anhand der Situationstypen nach Hinsch und Wittmann".

Leider werden solche Lernziele nur selten unter Einbezug der Zielgruppe definiert, sondern zumeist von der Fachperson eigenmächtig gesetzt. Bei solchen fremdbestimmten Lernzielen besteht die Möglichkeit einer motivationalen Begründung der Lernhandlung mit der Alternative des Nichtlernens nicht. Es besteht die Gefahr, dass ein defensiv begründetes Lernen resultiert, welches lediglich im Sinne einer Situationsbewältigung mit den Mitteln des Lernens (lern-)wirksam wird. Der von aussen intendierte Lernprozess läuft dann nicht wie gewünscht ab, da das defensive Lernen sich nicht primär am Lerngegenstand orientiert, sondern sich in erster Linie als Bewältigungsversuch bewähren muss. Aus diesem Grund sind den Bildungsteilnehmerinnen und Bildungsteilnehmer möglichst auch im Hinblick auf die Formulierung von Lernzielen Autonomien zu zugestehen.

Planung

Die Planung einer Bildungseinheit umfasst im Minimum einen Anfang, einen Hauptteil und einen Schluss. Der Anfang umfasst neben der thematischen Hinführung insbesondere auch Überlegungen dazu, wie das Ankommen in der Bildungssituation erleichtert werden kann. Dieses Ankommen ist deswegen so wichtig, weil die Bildungsteilnehmerinnen und Bildungsteilnehmer zu Beginn oft noch mit ganz unterschiedlichen Anliegen beschäftigt sind, was aus dem folgenden Zitat hervorgeht:

„Wir machen dies, um die Leute in den Kurs zu leiten. Es gibt zum Teil solche, die sind total gestresst, weil sie keinen Parkplatz gefunden haben."

Der Hauptteil umfasst in der Regel die einseitige Vermittlung respektive gegenseitige Erschliessung von nützlichen Informationen, welche von Phasen der Informationsverarbeitung abgewechselt werden. Transfermöglichkeiten stellen sicher, dass sich die erlernten Inhalte auch im Alltag bewähren. Die eingesetzten Methoden sollten möglichst variiert werden, um der nachlassenden Konzentration der Bildungsteilnehmerinnen und Bildungsteilnehmer entgegen zu wirken. Zur Planung der didaktischen Variation hat sich das folgende Schema bewährt, welches ausschnitthaft anhand eines Beispiels dargestellt werden soll:

Zeit	Min	Sozialform/Methode	Tätigkeit/Inhalt	Material
19:00	20'	Plenum / Frontal	Input: „Drei Typen unterschiedlicher sozialer Situationen"	Folien
19:20	30'	Murmelgruppe	Übung: „Eigene Beispiele sozialer Situationen den drei Typen zuordnen"	Handout, Papier
19:50	15'	Pause		

Abbildung 1: Muster zur Planung einer Bildungseinheit

Zum Schluss ermöglicht ein prägnanter Schlusspunkt das Behalten der erarbeiteten Inhalte, eine möglichst konkrete Formulierung von Umsetzungszielen den Transfer und ein Ausblick auf die kommenden Themen die Vorbereitung auf die neuen Bildungsinhalte. Wird das Bildungsangebot schliesslich als Ganzes abgeschlossen, so stellt sich die Frage nach einem Follow-up respektive der Nachbetreuung der Bildungsteilnehmerinnen und Bildungsteilnehmer. Hierbei zeigen Erfahrungen aus der Praxis, dass sich eine solche Nachsorge – in welcher Form auch immer – bewährt:

„Zwei Monate später führen wir ein Gespräch, was sich sehr bewährt hat (...) Man muss sich eben auch überlegen, was nach der Gruppe passiert. Wir haben allen unsere Telefonnummern für Notfälle mitgegeben."

Spätestens zum Ende des Bildungsangebotes wird eine Evaluation durchgeführt, welche die Zielerreichung durch die Bildungsmassnahme prüft. Optimalerweise werden Evaluationen mit einigem Zeitabstand zum Bildungsangebot durchgeführt, da die gelingende respektive misslingende Umsetzung des Erlernten im Alltag erst anhand konkreter Situationen sicht- und nachweisbar wird.

Öffentlichkeits- und Vernetzungsarbeit

Die Aufgabe der Öffentlichkeitsarbeit besteht nicht nur darin, soziale Probleme im gesellschaftlichen Bewusstsein präsent zu halten, sondern auch darin, Problembetroffene, Problemmitverursachende oder potentielle Ressourcengeberinnen und Ressourcengeber durch ein entsprechendes Bildungsangebot zu erreichen und direkt anzusprechen. Hierbei wird übereinstimmend von der Erfahrung berichtet, wonach insbesondere in der Pilotphase eines Angebotes persönliche Kontakte zur Zielgruppe für das Anmeldeverhalten handlungsrelevant sind:

„Wir machen bei der Öffentlichkeitsarbeit die Erfahrung, dass es wichtig ist, den Kontakt zu suchen. ... Wenn ich frage ‚habt ihr unseren Flyer gesehen?‘, dann sagen sie ‚jaja, ist schon mal irgendetwas gekommen‘ … und weg ist er."

Hat sich ein Angebot erfolgreich etablieren können, so wird das Angebot in der Regel informell innerhalb der Zielgruppe bekannt gemacht. Insbesondere freiwillige Angebote müssen sich dabei allerdings an der lebenspraktischen Bewährung der Bildungsinhalte aus Sicht der Zielgruppe messen. Will sich ein Bildungsangebot daher längerfristig behaupten, so sind dessen Inhalte regelmässig und kritisch auf die Gegenwarts- und Zukunftsbedeutung für die Zielgruppe zu prüfen:

„Mund-zu-Mund-Propaganda ist das Wichtigste, aber die erhält man erst durch Leistung natürlich."

Solche Bildungsangebote sollen durch die Zielgruppe von ähnlichen Angeboten abgegrenzt werden können. Aus diesem Grund erweist es sich insbesondere in der Planungsphase von entscheidender Wichtigkeit, dass das Bildungsangebot aktiv mit Organisationen und Institutionen vernetzt wird. Leider kommt dieser Vernetzungsarbeit in der Praxis noch eine viel zu geringe Bedeutung zu, wodurch die Chance verpasst wird, das Angebot zu verankern und zu etablieren:

„Die Vernetzung mit jenen Stellen, welche ein Interesse daran haben, dass ein Angebot vorhanden ist, ist ein wichtiger Aspekt. Denn so bekommt das Angebot auch ein gewisses Gewicht und hat in Zukunft Chancen."

3 Praxisbeispiele

Im Folgenden sind Beispiele erwachsenenbildnerischer Angebote im Kontext der Sozialen Arbeit zu so unterschiedlichen Themen wie Cannabisgebrauch, Pflegekinder, psychische Krankheiten, Strassenverkehrsdelikte, Jugendgewalt, Laufbahnberatung, Konfliktmanagement und Glücksspiele genauer beschrieben. Die thematische Heterogenität soll der Vielseitigkeit der Berufsrealität der Sozialen Arbeit gerecht werden, damit sich unterschiedliche Fachpersonen der Sozialen Arbeit von den Praxisbeispielen angesprochen fühlen und sich für die Realisierung eigener Bildungsangebote inspirieren lassen können.

Diese Beispiele werden eingangs jeweils durch allgemeine Überlegungen zum Thema eingeführt. Anschliessend werden die Praxisbeispiele anhand der Kategorien „Angebot und Ziele", „Zielgruppe" und „methodisch-didaktisches Vorgehen" beschrieben, wobei sich diese Art der Beschreibung von erwachsenenbildnerischer Angeboten im Kontext der Sozialen Arbeit an der Herangehensweise von Miller (2003) orientiert. Die darüber hinausgehende Ergänzung einer zusätzlichen Kategorie „Erfahrungen" ermöglicht zudem den Einbezug des Erfahrungswissens der Praktikerinnen und Praktikern. Hierzu werden erst Gelingens- respektive Misslingensbedingungen beschrieben und anschliessend Überlegungen zum Nutzen der Bildungsangebote angestellt. Es gilt in diesem Zusammenhang allerdings zu bedenken, dass die beschriebenen Erfahrungen Einschätzungen der befragten Fachpersonen und nicht unbedingt tatsächlich gemachte Erfahrungen wiedergeben. Dies ist insbesondere für die Misslingensbedingungen der Fall, da es sich bei den in diesem Buch beschriebenen Bildungsangeboten um Good-Practice-Beispiele handelt, bei welchen folglich deren Gelingen und nicht deren Misslingen im Vordergrund steht.

Zur besseren Lesbarkeit sind vereinzelte Bildungsangebote verkürzt wiedergegeben worden, weswegen sich die hier vorliegenden Beschreibungen von den tatsächlichen vorzufindenden Angeboten geringfügig unterscheiden können. Aus diesem Grund sind jeweils weiterführende Links angegeben, unter welchen sich die interessierte Leserin respektive der interessierte Leser noch genauer über die jeweiligen Angebote informieren können. Zur Erhöhung der Leserfreundlichkeit wurden darüber hinaus einheitliche Begrifflichkeiten wie „Bildungsangebot", „Teilnehmerinnen und Teilnehmer" sowie „Leiterin und Leiter" für alle Praxisbeispielen verwendet. Diese weichen teilweise von jenen in der Praxis ab, da hier auch „Kurs-, Trainings- oder Gruppenangebote", „Klientinnen und Klienten" oder „Adressaten und Adressatinnen" sowie „Moderatorinnen und Moderatoren", „Trainerinnen und Trainer" oder „Kursleiterinnen und Kursleiter" et cetera gebräuchlich sind.

3.1 Praxisbeispiel „SuchTrunden Cannabis"

Der Konsum von Cannabis ist insbesondere im Jugendalter und jungen Erwachsenenalter verbreitet. In der Schweiz kann davon ausgegangen werden, dass rund 34 Prozent der fünfzehnjährigen Schüler sowie 27 Prozent der gleichaltrigen Schülerinnen zumindest einmal Cannabis konsumiert haben (Schmid, Delgrande Jordan, Kuntsche, Kuendig & Annaheim, 2008, S. 21). Die Erreichung eines Rauschzustandes zwecks bewusster Grenzverschiebung im Rahmen der Identitätsentwicklung junger Menschen darf dabei zu Recht als wichtiges Motiv für den Cannabiskonsum gelten. Darüber hinaus stellt der Cannabiskonsum auch ein wichtiges Element der Entwicklung von Cliquenidentitäten dar, was sich insbesondere bei Cliquen mit Risikokonsum ungünstig auf deren Mitglieder auswirken kann. Zu problematisieren ist der Cannabiskonsum in der Regel dann, wenn dieser in den Lebensmittelpunkt der Betroffenen rückt und die Kontrolle darüber verloren geht. In diesem Fall ist die adäquate Bewältigung von Entwicklungsaufgaben in Frage gestellt, was sich beispielsweise in einem Leistungsabfall in der Schule oder der Lehre zeigen kann.

Ungeachtet der zum Teil kontrovers geführten politischen Diskussion über eine allfällige Legalisierung oder zumindest einer Teillegalisierung, bleibt der Cannabiskonsum in der Schweiz gesetzlich verboten (Art. 19a BetmG). Entsprechend der gängigen strafrechtlichen Praxis bei Verstössen gegen das Betäubungsmittelgesetz werden zunächst Verwarnungen ausgesprochen, dann erst folgen Bussen und Verhaftung, wobei der Verzicht auf Bestrafung oder blosse Verwarnung bei Jugendlichen möglich sind (Soellner & Kleiber, 2005). In der Praxis werden polizeilich erfasste Jugendliche von der Jugendanwaltschaft im Rahmen von Erziehungs- und Präventionsmassnahmen oft an Suchtberatungsstellen weitergewiesen, welche dann ihrerseits bei den Jugendlichen durch entsprechende Angebote eine Veränderung des risikoreichen Konsumverhaltens zu erreichen versuchen.

Angebot und Ziele

In Zusammenarbeit mit dem Drogenforum Innerschweiz hat der Verein Jugendarbeit Region Luzern im Jahr 2003 das Pilotprojekt „Baustelle Cannabis" initi-
iert. Nach Abschluss der Pilotphase wurde das Projekt vom Drogenforum Innerschweiz gemeinsam mit der Jugendanwaltschaft und dem büro-win als „SuchT-
runden Cannabis" neu lanciert. Im Jahr 2007 hat das Projekt eine Ausweitung
auf die Kantone Obwalden und Nidwalden erfahren und die Jugendanwaltschaften arbeiten seitdem überkantonal zusammen. Das Angebot richtet sich an Jugendliche, die Cannabis konsumieren und deswegen verzeigt wurden. Sie werden von den Jugendanwaltschaften zugewiesen, welche auch die Angebotskosten
tragen. Das Büro Win (www.buero-win.ch) bietet die SuchTrunden zum Thema
Cannabis an.

Die „SuchTrunden Cannabis" eröffnen den Jugendlichen die Möglichkeit,
im Peer-to-Peer-Kontakt eine eigenständige Position zum Cannabiskonsum zu
entwickeln. Die Teilnehmenden setzen sich hierzu im Rahmen von zwei professionell geleiteten Abenden mit dem eigenen Konsum auseinander. In der Gruppe
diskutieren und reflektieren die Teilnehmenden unter Anleitung der Leiter positive und negative Effekte sowie Erlebnisse in Zusammenhang mit dem eigenen
Cannabiskonsums. Darüber hinaus werden die Teilnehmenden über die Wirkungen des Cannabiskonsums sowie das Betäubungsmittelgesetz informiert und
aufgeklärt.

Das Ziel des Angebotes besteht letztlich darin, einen Positionswechsel zu
provozieren respektive zu ermöglichen. Die Teilnehmenden sollen befähigt werden, einen eigenverantwortlichen Umgang mit dem Cannabiskonsum zu finden.
Abstinenz, Reduktion oder Aufgabe des Cannabiskonsums sind keine expliziten
Ziele des Angebots, können aber durchaus zu persönlichen Ziele der Teilnehmenden werden. Der Anstoss zur kritischen Auseinandersetzung mit dem eigenen Konsum ist mit dem Angebot nicht abgeschlossen, sondern soll an das Angebot anschliessend seine Fortsetzung finden.

Zielgruppe

Ausgangslage: Die Teilnehmenden des Bildungsangebotes werden infolge ihres
Cannabiskonsums von der Jugendanwaltschaft zugewiesen. Die angeordneten
SuchTrunden sind als persönliche Leistung zu erbringen. Die Teilnehmenden
werden in Anwendung von Art. 11 und Art. 23 Abs. 2 JStG verpflichtet, an der
Suchtrunde Cannabis teilzunehmen und werden bei nicht gehörigem Besuch des
Bildungsangebotes nach Art. 23 Abs. 6 JStG gebüsst.

Die Teilnehmenden weisen unterschiedliche Konsumkarrieren aus. Während einige nur gelegentlich konsumieren, weisen andere ein risikoreiches Konsummuster auf. Bei Teilnehmenden mit risikoreichem Cannabiskonsum fällt zudem auf, dass sie häufig auch von schulischen Leistungseinbussen, Schulabbrüchen und Lehrstellenverlusten berichten. Zusätzlich zum Cannabis konsumieren viele auch regelmässig Alkohol. Über Wirkungen des Suchtmittelkonsums sind die Teilnehmenden nur ungenügend informiert. Einige berichten von Derealisationgefühlen, Angstzuständen und Albträumen.

Typische Merkmale: Die Altersspanne der Teilnehmenden bewegt sich zwischen 15 und 19 Jahren. Da mehr Jungen als Mädchen verzeigt werden, sind die Jungen übervertreten. Schweizer und Schweizerinnen bilden gegenüber ausländischen Teilnehmenden zumeist die Mehrheit. Vereinzelt kennen sich die Jugendlichen und jungen Erwachsenen bereits aus der Freizeit. Rund zwei Drittel besuchen die Oberstufe. In ihrer jeweiligen Clique sind sie in der Regel gut integriert, wobei der aktive Widerstand bei Gruppendruck für viele eine Herausforderung darstellt. Die Teilnehmenden entstammen zumeist mittelständischen Familien. Es gibt einige Anzeichen dafür, dass deren Eltern tendenziell eine eher permissive geprägte Erziehungshaltung einzunehmen scheinen.

Ressourcen/Entwicklungspotenziale: Viele Teilnehmende machten sich bereits vor Besuch des Angebotes regelmässig Gedanken über ihren Konsum. Sie zeigen eine grosse Offenheit gegenüber einem Austausch über ihren Konsum und weisen generell eine solide Reflexionsfähigkeit auf. Darüber hinaus erkennen sie Zusammenhänge zwischen dem Cannabiskonsum und den eigenen Lebensumständen, wie sich beispielsweise in der folgenden Aussage eines Jugendlichen zeigt: „Hey, ich merke, mein Kiffen hat auch mit meinem Umfeld zu tun. Also, ich kiffe nur in der Clique und wie gelingt mir denn das, mich dort raus zu nehmen? Das habe ich mich schon gefragt". Einige der Teilnehmenden nahmen bereits Anläufe, den regelmässigen Cannabiskonsum zu beenden und konnten diesen phasenweise auch unterbrechen oder zumindest reduzieren. Entwicklungspotential besteht im Hinblick auf der Einnahme einer kritischen Haltung gegenüber dem eigenen Cannabiskonsum

Methodisch-didaktisches Vorgehen

Setting: Jeweils sechs bis acht Jugendliche kommen an zwei Abenden für drei Stunden zu den SuchTrunden zusammen. Zwischen den beiden Zusammenkünften liegt ein zeitlicher Abstand von einem Monat. Die SuchTrunden finden in eingemieteten Räumen in der Region Stadt Luzern statt. Über die Inhalte der Gesprächsrunden gilt für alle Beteiligten die Schweigepflicht. Der gesetzliche Rahmen wird vom Leiter gleich zu Beginn transparent gemacht: Die Teilnahme am Bildungsangebot ist obligatorisch, weswegen die Jugendlichen bei Nichterscheinen mit Sanktionen der Jugendanwaltschaft rechnen müssen. Jugendliche, die einen Abend unentschuldigt versäumen, müssen beide Abende wiederholen und werden nochmals von der Jugendanwaltschaft aufgeboten. Bei Jugendlichen, die auch nach dem zweiten Aufgebot nicht regelkonform teilnehmen, wird die in der Verfügung angedrohte Strafe vollzogen, in der Regel entweder durch eine Busse oder einen gemeinnützigen Arbeitseinsatz.

Ablauf: Nach den einleitenden Erklärungen zu den SuchTrunden beginnt der Leiter am ersten Abend mit den Teilnehmenden Regeln zu vereinbaren, indem er die Gruppe explizit danach fragt, welche Regeln sie sich selbst geben möchten. Die Teilnehmenden geben hier beispielsweise an, dass niemand bloss gestellt oder über das Gesagte Stillschweigen bewahrt werden sollte. Diese Regeln werden vom Leiter auf einem Flip-Chart festgehalten und dann zu Beginn des zweiten Tages nochmals in Erinnerung gerufen. Nach der Regelvereinbarung stellen sich die Teilnehmenden vor und werden aufgefordert, von ihrem bisherigen Cannabiskonsum zu erzählen. Die Teilnehmenden müssen dabei selbst entscheiden, was sie erzählen wollen und was nicht. Das Ziel dieser gegenseitigen Selbstoffenbarung besteht darin, Vertrauen zu schaffen. Anschliessend gibt der Leiter eine Übersicht über den Ablauf, welchen er auf einem Flip-Chart visualisiert, und klärt die Erwartungen der Teilnehmenden.

Den Einstieg in die kritische Auseinandersetzung mit dem eigenen Cannabiskonsum regt der Leiter durch Fragen nach positiven Effekten und Erlebnissen an. Hierauf werden Antworten gegeben wie beispielsweise „Ich kann abschalten", „Ich bin voll eins mit der Musik" oder „Ich komme auf andere Gedanken". Interessanterweise muss hierbei die Frage nach negativen Effekten und Erlebnissen durch den Leiter nicht gestellt werden, da die Teilnehmenden in aller Regel von sich aus darauf zu sprechen kommen. Sobald dies geschehen ist, setzt eine Art Kettenreaktion ein und eine Vielzahl an negativen Folgen des Cannabiskonsums werden benannt wie beispielsweise: „Ich schlafe schlecht", „Ich habe Albträume", „Meine Schulnoten sind total abgesackt" oder „Ich habe meine Lehrstelle verloren". Der Leiter sammelt sowohl die positiven als auch die negativen Effekte und Erlebnisse auf einem Flip-Chart und fragt nach: „Ist das für Sie nun eher positiv oder negativ?" oder „Wie sehen das die anderen?". Über diese kritischen Nachfragen werden die Teilnehmenden zur Diskussion und zum Nachdenken angeregt. Nach der Diskussion werden die Teilnehmenden in die Pause entlassen.

Nach der Pause erhalten die Teilnehmenden Gelegenheit, den eigenen Cannabiskonsum anhand eines geschlossenen Fragebogens selbst einzuschätzen. Hier werden Fragen wie beispielsweise „Hast du das Gefühl, einen guten Überblick über die Menge deines Konsums zu haben?" mit vorgegebenen Antwortmöglichkeiten wie beispielsweise „Ja, mir ist es wichtig, gut Bescheid zu wissen, über das, was ich tue.", „Ich könnte auf Anhieb nicht sagen, wie viel ich kiffe, das müsste ich erst noch mehr beobachten" oder „Ich habe einen ganz guten Überblick und denke manchmal, dass ich zu oft kiffe" gestellt. Diese Selbsteinschätzung ist als aktivierende Information zu verstehen, welche zum Nachdenken über das eigene Konsumverhalten anregen soll. Darüber hinaus werden die Teilnehmenden auch mündlich und schriftlich über die biopsychosozialen Folgen sowie die gesetzlichen Grundlagen zum Cannabiskonsum informiert.

Gegen Ende des ersten Abends werden die Teilnehmenden dazu aufgefordert, persönliche Ziele zum Cannabiskonsum schriftlich festzuhalten. Die Ziele werden auf einer Karte festgehalten und in einen Briefumschlag gesteckt, welcher anschliessend verschlossen wird. Zum Ende des Abends sammelt der Leiter die Briefumschläge ein und verweist auf die Möglichkeit, die gesetzten Ziele am zweiten Abend freiwillig den anderen Teilnehmenden vorzustellen.

Nach einem Monat kommen die Jugendlichen zum zweiten Abend zusammen. Zu Beginn dieses zweiten Treffs werden den Teilnehmenden nochmals jene Regeln in Erinnerung gerufen, welche sie am ersten Tag selbst aufgestellt haben. Anschliessend sollen sie sich mit einem so genannten „Suchbarometer" selbst einschätzen und sich im Raum entsprechend positionieren. Die Teilnehmenden werden aufgefordert, sich im Raum so aufzustellen, dass ein Kontinuum sichtbar wird. Hierzu positionieren sich die Teilnehmenden auf einer Diagonalen, wie beispielsweise auf einer Skala von 0% bis 100% (vgl. Methodenbeispiel „Barometer"). Aus der jeweiligen Position heraus kann sich dann eine Diskussion entwickeln, indem der Leiter Fragen stellt oder eine Neupositionierung einfordert wie beispielsweise mit der Frage: „Wo möchte ich nach den SuchTrunden stehen?". Anschliessend werden die Teilnehmenden in die Pause entlassen.

Nach der Pause zeigt der Leiter den zwanzigminütigen Film „Grasgrün", welcher Konsummotive von Jugendlichen zeigen will und zur kritischen Reflexion über Cannabis anregen soll. Der Film ist unter Leitung des Drogenforums Innerschweiz in Zusammenarbeit mit dem Verein Jugendarbeit Region Luzern hergestellt worden, wobei der Film von Jugendlichen mit Unterstützung einer Videokünstlerin produziert worden ist. Aufgrund dessen Nähe zu den Lebenswelten der Jugendlichen, entwickelt sich an den Film anschliessend eine angeregte Diskussion unter den Teilnehmenden. Gegen Ende des zweiten Abends verteilt der Leiter die Briefumschläge vom ersten Abend, welche die persönlichen Ziele der Teilnehmenden enthalten. Sie erhalten nun die Gelegenheit, die gesetzten Ziele freiwillig den anderen Teilnehmenden vorzustellen. Bei dieser Gelegenheit werden die Teilnehmenden zu einer Diskussion über die eigenen Ziele mit Fragen wie „Was hat mich daran gehindert, mein Ziel zu erreichen?" angeregt. Zum Schluss des Abends holt der Leiter ein Feedback zur Suchtrunde ein; in aller Regel in Bezug darauf, was als gut respektive schlecht eingeschätzt wird.

Erfahrungen

Gelingensbedingungen: In der Bildungssituation hat sich bei der Arbeit mit den jugendlichen Teilnehmenden insbesondere die konsequente Umsetzung des Prinzips der didaktischen Variation bewährt, was im Angebot „SuchTrunden Cannabis" durch die beschriebenen Wechsel zwischen unterschiedlichen Sozialformen und Medien erfolgreich realisiert wird. Die Umsetzung dieses Prinzips verlangt eine sorgfältige didaktische Planung, da dessen Umsetzung in der Regel ad hoc schwerlich realisierbar ist. Um gleichzeitig aber auch ein Verweilen bei zentralen Erkenntnissen zu ermöglichen, muss die Leitung hektische Wechsel verhindern und einer Fragmentierung der Lerninhalte entgegen wirken.

Im Übrigen hat sich in der Pilotphase gezeigt, dass die Jugendlichen nur dann zum Angebot finden, wenn sie zur Teilnahme verpflichtet werden. Der Leiter muss den Jugendlichen als Erwachsener gegenübertreten und ihrem Cannabiskonsum etwas entgegen halten. Er soll sich bewusst sein, dass die Jugendlichen die Verantwortung für ihren Konsum selbst tragen und im Umgang mit dieser Verantwortung unterstützt werden sollen. Dies beinhaltet auch die Konfrontation mit unbequemen Tatsachen, wie beispielsweise die Folgen von Verstössen gegen das Betäubungsmittelgesetz. Darüber hinaus soll er sich gegenüber den Beiträgen der Jugendlichen zum Cannabiskonsum aber auch offen zeigen und diese möglichst nicht wertend entgegen nehmen. Es hat sich dabei bewährt, zuerst positive Effekte und Erlebnisse zu sammeln. Die Erfahrung zeigt, dass die Teilnehmenden anschliessend von sich aus auch negative Effekte und Erlebnisse zur Sprache bringen, wodurch die Wahrscheinlichkeit für einen Positionswechsel aus eigener Initiative erhöht wird. Die Einnahme einer eigenständigen Position kann darüber hinaus auch gefördert werden, indem reflexive Prozesse mit Fragen wie beispielsweise „Sehen Sie das anders?" angestossen werden.

Misslingensbedingungen: Der Anspruch der Leitung, den Teilnehmenden zu viele Informationen vermitteln zu wollen, wirkt sich hemmend auf den gegenseitigen Austausch aus. In diesem Fall droht die Gefahr, dass sich die Auseinandersetzung mit den Inhalten von einem aktiv-kritischen Bildungsgeschehen weg und hin zu einem rezeptiv-passiven Nachvollzug verschiebt. Darüber hinaus wirkt sich auch die Gruppengrösse in Über- respektive Unterschreitung der bewährten sechs bis acht Teilnehmenden negativ auf den gegenseitigen Austausch aus. In grösseren Gruppen sind die Jugendlichen in der Regel zu stark abgelenkt und zu sehr mit den anderen Jugendlichen beschäftigt. In kleineren Gruppen orientieren sich die Teilnehmenden demgegenüber stärker an der Leitung und weniger an der Gruppe selbst, was den gemeinsamen Austausch von Erfahrungen mit dem Cannabiskonsum erschwert und darüber hinaus auch eher Auseinandersetzungen mit der Leitung fördert.

Die Arbeit mit bereits bestehenden Gruppen wie beispielsweise festen Cliquen gestaltet sich zumeist schwierig, da aufgrund deren Geschlossenheit die Offenheit für ein Nachdenken über einen alternativen Umgang mit dem eigenen Cannabiskonsum verunmöglicht werden kann. Insbesondere dann, wenn der Cannabiskonsum ein identitätsstiftendes Element von Gruppen darstellt, werden Beeinflussversuche von aussen aufgrund der systeminhärenten Logik der Gruppe Reaktanz auslösen. Ebenso erschwert werden in der Regel auch Bemühungen, über einen Beziehungsaufbau die Jugendlichen zu erreichen, da diese als Anbiederung empfunden werden könnten. In diesem Fall scheint der Versuch lohnend, einen Co-Leiter zu gewinnen, welcher aufgrund eigener Erfahrungen mit Cannabis und einer selbstkritischen Haltung eine Brücke zu den jugendlichen Teilnehmenden bauen kann.

Nutzen: Der gemeinsame Austausch über positive und negative Erfahrungen stiftet zum Nachdenken über den eigenen Cannabiskonsum an. Dies zeigt sich an den angeregten Diskussionen im Rahmen des Bildungsangebotes und darüber hinaus auch daran, dass die jugendlichen Teilnehmenden ihre Erfahrungen aus dem Bildungsangebot auch in ihren Freundeskreis und teilweise auch in ihre Familien einbringen. So gab ein Jugendlicher im Rahmen einer Nachbefragung beispielsweise an, seine Freunde danach gefragt zu haben, ob sie nach dem Cannabiskonsum ebenfalls ab und zu an Albträumen erwachen. Diese kritische Auseinandersetzung mit dem eigenen Konsum schafft über die Gelegenheit zur Formulierung eigener Ziele, die Grundlage für eine freiwillige Reduktion der Konsumhäufigkeit oder allenfalls sogar einen vollständigen Verzicht.

In den Feedbackrunden zum Schluss der Abende wird insbesondere die Möglichkeit der nicht moralisierenden Auseinandersetzung mit dem eigenen Cannabiskonsum sehr geschätzt und positiv hervorgehoben. Dies bringt ein Jugendlicher mit der Aussage auf den Punkt: „Es war super, mal mit Erwachsenen und Gleichaltrigen über das Kiffen reden zu dürfen – ohne dass jemand sagt, das sei schlecht".

3.2 Praxisbeispiel „Begleitete Pflegeelternabende"

Kindern, die nicht bei ihren leiblichen Eltern aufwachsen können, bieten Pflegefamilien eine Alternative für ein Aufwachsen in familiären Bezügen. Aus der Sicht der Sozialen Arbeit sprechen viele Gründe dafür, ein Kind in einer Pflegefamilie zu platzieren (Häfeli, 2005, S. 160 f.). Pflegefamilien bieten hohe Beziehungskonstanz und Betreuungskontinuität, welche sozialpädagogische Institutionen in der Regel so nicht bieten können. Pflegekinder teilen mit ihren Pflegefamilie den gesamten Alltag, was für beide Seiten mit zahlreichen Herausforderungen verbunden ist (Zatti, 2005, S. 37). Schliesslich darf nicht vergessen werden, dass das Kind vor der Platzierung in der Pflegefamilie bereits viel erlitten hat und auch mit der schwierigen Erfahrung der Fremdplatzierung umgehen lernen muss. Es ist zumeist hin- und hergerissen zwischen dem Bedürfnis nach Geborgenheit in der Pflegefamilie und dem Wunsch nach Nähe zu seiner Herkunftsfamilie – selbst wenn die dortigen Verhältnisse prekär waren und sind (Gehres & Hildenbrand, 2008, S. 13). Die Pflegeeltern sind ihrerseits oft unsicher, wie sie ihr Pflegekind in diesem Prozess am Besten unterstützen können und welche Rolle sie gegenüber der Herkunftsfamilie einnehmen sollen. Diese nicht-normativen Entwicklungsaufgaben der Pflegefamilien unterscheiden sich deutlich von den normativen Entwicklungsaufgaben anderer Familien, wodurch die Pflegefamilien nur begrenzt von der informellen Unterstützung anderer Familien profitieren können. Aufgrund den grossen Herausforderungen bei gleichzeitig fehlender, informeller Unterstützung, scheinen Unterstützungsangebote besonders lohnenswert. Die fachlich fundierte Vorbereitung, Weiterbildung und Begleitung der Pflegeeltern können solche Unterstützungsangebote darstellen (Zatti, 2005).

Angebot und Ziele

Die Pflegekinder-Aktion Bern (www.pflegekinder-be.ch) betreibt eine Fachstelle für die Anliegen von Kindern, Eltern und Familien. Sie vermittelt beispielsweise Adressen für kurz-, mittel- und langfristige Platzierungsmöglichkeiten in Familien und Kleininstitutionen gemäss Heimverordnung des Kantons Bern. Hierzu arbeitet sie Hand in Hand mit den kantonalen und kommunalen Institutionen zusammen. Seit 1988 bietet die Pflegekinder-Aktion Bern neben der Einzelberatung auch professionell begleitete Pflegeelternabende an.

Ziel dieses Angebotes ist es, Pflegeeltern eine Gelegenheit für den Erfahrungsaustausch untereinander zu bieten. Die Pflegeeltern sollen ihre Handlungsmöglichkeiten erweitern, damit sie auch in schwierigen Situationen kompetent reagieren können. Auf das Angebot wird in Zeitschriften und im Internet aufmerksam gemacht. Die Fachstelle schreibt zudem jährlich die von ihr erfassten Pflegefamilien an und macht auf das Angebot aufmerksam. Die Teilnahme ist für Pflegeeltern kostenlos, abgesehen von einem geringen Unkostenbetrag.

Zielgruppe

Ausgangslage: Die Pflegeeltern nehmen das Angebot freiwillig in Anspruch und schätzen die Möglichkeit zum gegenseitigen Austausch. Seitens der Pflegeeltern bestehen insbesondere in Bezug auf die Rolle als Pflegeeltern und die Schwierigkeiten der Zusammenarbeit mit weiteren Beteiligten viele Fragen. Im Zusammenhang mit der eigenen Rolle berichten die Teilnehmenden oft über Unsicherheiten die eigenen Entscheidungsbefugnisse betreffend. Typisch sind hierbei beispielsweise Fragen wie „Darf die Pflegetochter ohne Erlaubnis der leiblichen Eltern einen Reitkurs besuchen?" oder „Dürfen wir gemeinsam mit unserem Pflegekind ins Ausland in die Ferien fahren?". Aber auch im Hinblick auf die Zusammenarbeit mit der Schule, mit den Behörden und anderen Stellen sind die Pflegeeltern oft verunsichert. Typisch sind Fragen wie beispielsweise „Bin ich befugt, das Schulzeugnis meines Pflegesohnes zu unterzeichnen?". Darüber hinaus werden natürlich auch Fragen des guten Umganges mit ihren Pflegekindern diskutiert wie beispielsweise „Wie sollen wir reagieren, wenn das Kind uns anlügt?", „Wie können wir das Kind für die Schule motivieren?" oder „Was sollen wir tun, wenn das Kind sich nicht an Regeln hält?".

Typische Merkmale: Das Angebot richtet sich an Pflegeeltern aus der Region. Obwohl viele Pflegeeltern gemeinsam das Angebot besuchen, ist der Anteil an Pflegemüttern, die ohne Begleitung ihres Partners am Angebot teilnehmen, deutlich höher als der Anteil von Pflegevätern, welche ohne ihre Partnerin am Angebot teilnehmen. Das Alter der Teilnehmenden liegt zwischen 30 und 50 Jahren. Der Bildungshintergrund der Pflegeeltern ist heterogen; so stehen teilweise Pflegeeltern ohne spezifische Berufsausbildung professionellen Pflegeeltern mit pädagogischer Ausbildung gegenüber. Die familiären Verhältnisse sind ebenfalls unterschiedlich, da einige Paare die Pflegekinder mit ihren eigenen Kindern gemeinsam aufziehen und andere Paare neben den Pflegekinder keine eigenen Kinder haben. Auffallend ist, dass Pflegeeltern, die ein Kind aus der eigenen Verwandtschaft betreuen, selten das Angebot in Anspruch nehmen. Die Leiterin des Angebotes führt dies darauf zurück, dass bei verwandtschaftlicher Hilfeleistung oft die Erwartung vorherrscht, dass man die Probleme innerhalb der Familie löst, weswegen externe Hilfe kaum in Anspruch genommen wird.

Ressourcen/Entwicklungspotenziale: Die Teilnehmenden zeichnen sich durch ihr hohes Engagement, ihre Zuverlässigkeit und ihren respektvollen Umgang untereinander aus. Die Bereitschaft ist vorhanden, auch sehr persönliche Erfahrungen in die Gruppe einzubringen und sich auf schwierige Themen einzulassen. Die Pflegeeltern lassen andere an ihren Erfahrungen teilhaben und leisten so informelle Unterstützung für die Bewältigung nicht-normativer Entwicklungsaufgaben, mit welchen sich Pflegefamilien typischerweise konfrontiert sehen. Entwicklungspotenzial besteht bei der Erlangung von Sicherheit im Umgang mit den vielfältigen Herausforderungen der Pflegeelternschaft.

Methodisch-didaktisches Vorgehen

Setting: Die Pflegeelternabende werden einmal monatlich an einem festen Wochentag von 20 bis 22 Uhr in den Räumlichkeiten der Pflegekinder-Aktion Bern abgehalten, mit Ausnahme jener Daten, die in die Schulferien fallen. Die Daten werden ein Jahr im Voraus festgelegt, um die Organisation zu vereinfachen. Zwischen den Treffen erhalten die Teilnehmenden von der Leiterin des Bildungsangebotes unterstützende Materialien, nützliche Buchtipps und E-Mails mit hilfreichen Links. Die Grösse der Gruppe variiert stark, bewegt sich aber im Schnitt zwischen zehn bis zwölf Personen.

Ablauf: Als Einstieg in den begleiteten Pflegeelternabend sammelt die Leitung die Anliegen für den gemeinsamen Austausch unter den Teilnehmenden. Hierzu werden auch gestalterische Mittel eingesetzt, wie beispielsweise der Einsatz von Symbolkarten (vgl. Methodenbeispiel „Symbolkarten"), da insbesondere emotional hoch besetzte Themen mit geeigneten Symbolen oft besser als mit Worten dargelegt werden können. Anschliessend wird gemeinsam festgelegt, was an diesem Abend angegangen werden soll und was auch an einem der kommenden Abende besprochen werden kann. Themen mit akutem Handlungsbedarf werden in der Regel vorrangig behandelt, wobei diese einen Bezug zur Situation der anderen Pflegeeltern aufweisen müssen. Ist das nicht der Fall, so können diese Themen auch in einer Einzelberatung mit der Leiterin, dem Beistand respektive der Beiständin oder einer anderen Fachperson behandelt werden.

Nach der Festlegung auf ein gemeinsam zu bearbeitendes Thema, wie beispielsweise der Umgang mit einem delinquenten Pflegekind, werden die themengebenden Pflegeeltern um eine möglichst detaillierte Beschreibung ihres Anliegens gebeten. Hierzu können die Pflegeeltern unterschiedliche Materialien benutzen, wobei häufig Flipcharts verwendet werden, um die Zusammenhänge in Schrift und Bild einfacher darstellen zu können. Nach dieser Beschreibung stellen die Teilnehmenden Klärungsfragen, um sicherzustellen, dass sie das Anliegen der themengebenden Pflegeeltern verstanden haben. In dieser Phase kommt die ressourcenorientierte Haltung der Leiterin zum Tragen, indem sie den Fokus methodisch immer wieder auch auf die Ressourcen lenkt und beispielsweise danach fragt, was trotz der beschriebenen Schwierigkeiten mit dem Pflegekind bereits gut läuft. Anschliessend werden in einer offenen Gesprächsrunde unterschiedliche Erfahrungen, Bewertungen, Ansichten und Erklärungen zum Geschehen zusammengetragen. Hierbei kann die Leitung zum Beispiel mittels eines Perspektivenwechsels eine alternative Betrachtung der Situation ermöglichen, indem dieselbe Situation zuerst aus der Perspektive des Pflegekindes und anschliessend aus der Perspektive der Pflegeeltern betrachtet wird. Zum Schluss werden Lösungsvorschläge für die beschriebenen Schwierigkeiten zusammengetragen und von den themengebenden Pflegeeltern bewertet. Hierbei sind Fragen hilfreich wie beispielsweise „Was half bisher in schwierigen Situationen?" oder „Wie gehen die anderen Teilnehmenden mit ähnlichen Schwierigkeiten um?". Eine als aussichtsreich beurteilte Lösung kann anschliessend auch in der Gruppe erprobt werden, zum Beispiel im Rahmen eines Rollenspiels.

Zum Abschluss des Pflegeelternabends fordert die Leiterin die Teilnehmenden auf, sich während einigen Minuten Gedanken darüber zu machen, welchen konkreten Gewinn sie aus dem heutigen Pflegeelternabend ziehen konnten. In der anschliessenden Schlussrunde teilen sich die Teilnehmenden ihre Überlegungen hierzu gegenseitig mit. Ziel dieser Schlussrunde ist es, den Transfer in den erzieherischen Alltag zu sichern und neu erworbene Einsichten zu verankern. Darüber hinaus erinnern sich die Teilnehmenden gegenseitig an zentrale Erkenntnisse des Austausches, welche ansonsten bei einigen Teilnehmenden bereits wieder in Vergessenheit geraten wären.

Erfahrungen

Gelingensbedingungen: Aufgrund der emotional teils hoch besetzten Themen, muss die Leiterin feinfühlig und verständnisvoll auf die Teilnehmenden eingehen können, gleichzeitig aber auch professionelle Distanz bewahren, um sich nicht in ein familiäres Geschehen verstricken zu lassen. Durch eine wertschätzende Haltung der Gruppe fühlen sich die Pflegeeltern ermutigt, auch herausfordernde Situationen einzubringen und von der Erfahrung der anderen Pflegeeltern zu profitieren. Darüber hinaus sind entwicklungspsychologische Kenntnisse für die Leitung von Bedeutung, um den Pflegeeltern im geeigneten Moment entsprechendes Wissen vermitteln zu können. Zudem wirkt sich das ressourcenorientierte Handeln der Leitung günstig auf die Gruppendynamik aus, da die Pflegeeltern sich so gegenseitig zu versichern beginnen, dass ihre Pflegekinder trotz der vorhandenen Schwierigkeiten auch Vieles gut können. Der Abschluss des Pflegeelternabends mittels der Schlussrunde bewährt sich insbesondere auch deswegen, weil die Pflegeltern sich so über den Nutzen der Pflegeelternabende bewusster werden und für die kommenden Treffen motiviert bleiben.

Misslingensbedingungen: Der anfängliche Versuch, die Pflegeelternabende ohne professionelle Leitung durchzuführen, haben sich nicht bewährt. Bei der Einführung dieses Angebotes war ursprünglich geplant, dass die professionelle Begleitung nur in der Aufbauphase teilnimmt und die Pflegeltern anschliessend selbstorganisiert die Pflegeelternabende durchführen. Aufgrund der bestehenden Unsicherheiten und den emotional teils hoch besetzten Themen fordern die Teilnehmenden eine professionelle Leitung ein, welche bei der Bearbeitung der Themen unterstützt und gegebenenfalls auch aufgrund ihrer fachlichen Kompetenzen wichtige Informationen vermitteln kann.

Zur Aufrechterhaltung der Motivation, müssen die Pflegeelternabende von den Teilnehmenden als nutzbringend eingeschätzt werden. Ansonsten wiegen der Aufwand für die Organisation der externen Kinderbetreuung und die Anreise zu schwer, um einen geringen Nutzen noch aufwiegen zu können. Die fehlende Verbindlichkeit zur Teilnahme am Angebot kann häufig als Zeichen für eine unausgeglichene Kosten-Nutzen-Bilanz angesehen werden.

Nutzen: Die Pflegeelternabende ermöglichen es den Teilnehmenden in einer gewissen Distanz zu ihrem elterlichen Alltag, herausfordernde Situationen gemeinsam mit anderen Pflegeltern kritisch zu betrachten und auf dieser Grundlage gemeinsam Lösungen zu entwickeln. Die so entwickelten Lösungen haben in der erzieherischen Praxis in aller Regel Bestand, da diese auf die spezielle Situation von Pflegeltern Rücksicht nehmen. Dadurch können die Teilnehmenden die fehlende informelle Unterstützung kompensieren, über welche Eltern ohne Pflegekinder normalerweise verfügen. Die Unsicherheit im Zusammenhang mit der eigenen Rolle als Pflegeltern und den vielen ungeklärten Fragen den Erziehungsalltag betreffend, können über diesen Erfahrungsaustausch und die ergänzenden Informationen der Leiterin abgebaut werden. Darüber hinaus schafft das ressourcenorientierte Handeln der Leiterin auch ein Bewusstsein dafür, was das eigene Pflegekind schon alles gut kann. Die damit verbundene Überwindung einer defizitorientierten Wahrnehmung des eigenen Pflegekindes kann im erzieherischen Alltag Neues ermöglichen.
Die Pflegeltern schätzen das Angebot sehr. Die hohe Zufriedenheit mit dem Angebot zeigt sich insbesondere auch daran, dass viele Pflegeltern das Angebot über mehrere Jahre hinweg für sich in Anspruch nehmen.

3.3 Praxisbeispiel „Gesprächsgruppe für Menschen mit psychischen Krankheiten"

Menschen mit psychischen Krankheiten und deren Angehörige stehen vor verschiedenen Herausforderungen. Insbesondere gesellschaftliche Stigmatisierungsprozesse erschweren deren Bemühungen um Integration und Teilhabe an. In häufig anzutreffenden Stigmatisierungsmustern wird beispielsweise von Erklärungen ausgegangen, welche psychische Krankheiten mit Selbstverschulden und Willensschwäche der Betroffenen in Verbindung setzen (Holsboer-Trachsler & Vanoni, 2007). Das in solchen Erklärungsversuchen aufscheinende Unverständnis der Lebenssituation der betroffenen Menschen zeugt nicht nur von Ignoranz, sondern erschwert auch vorurteilsfreie Begegnungen mit Menschen mit psychischen Krankheiten und unterstützt daher deren weitere Ausgrenzung. Überlagert wird die Problematik der alltäglichen Stigmatisierung durch soziale Benachteiligungen, da zwischen sozialen Benachteiligungen und psychischen Krankheiten Zusammenhänge bestehen. So erhöht beispielsweise die Zugehörigkeit zu einer niedrigen sozialen Schicht das Risiko, an einer Depression zu erkranken (Fryers, Melzer, Jenkins & Brugha, 2005). Professionelle Erklärungsmodelle sehen diesen Umstand in der Tatsache begründet, wonach die Zugehörigkeit zu einer sozial niedrigen Schicht auch mit einer Erhöhung von umweltbedingten Stressfaktoren wie beispielsweise engen Wohnverhältnissen, vermehrter Lärmexposition, schlechter Ernährung etc. einhergeht. Leider haben aber Menschen mit einer psychischen Krankheit diesen Herausforderungen eher wenig entgegen zu setzten, da sie die alltäglichen Anforderungen des Lebens krankheitsbedingt nur bedingt selbstständig meistern können. So bekunden viele betroffene Menschen beispielsweise Schwierigkeiten mit der Kontaktaufnahme zu anderen Menschen, sehen sich mit einer eingeschränkten Arbeitsfähigkeit konfrontiert oder zeigen sich bei der selbstständigen Haushaltsführung überfordert.

Aufgrund den schwierigen Lebensumständen und den krankheitsbedingten Einschränkungen scheinen jene Bildungsangebotengebote der Sozialen Arbeit aussichtsreich, welche Menschen mit psychischen Krankheiten in einer befriedigenden Lebensgestaltung unterstützen können. Allerdings kann es dabei nicht genügen, lediglich die Problembetroffenen erreichen zu wollen. Um den allgegenwärtigen Stigmatisierungsprozessen entgegen zu treten, müssen die damit verbundenen sozialen Probleme in einer engagierten Öffentlichkeitsarbeit aufgegriffen und bearbeitet werden.

Angebot und Ziele

Das Angebot der Beratungsstelle Pro Infirmis Bern (www.proinfirmis.ch) richtet sich an Menschen mit einer psychischen Krankheit beziehungsweise Behinderung. Die inhaltliche Ausrichtung des Angebotes kann von den Teilnehmenden mitbestimmt werden, wodurch das Spektrum an möglichen Themen wie beispielsweise Gestaltung von Beziehungen, Umgang mit Medikamenten, Wiedergenesung durch den Recoveryansatz und so weiter breit gefächert ist. Im professionell angeleiteten Erfahrungs- und Wissensaustausch erhalten die Teilnehmenden Gelegenheit, sich gegenseitig bei der Bewältigung der Herausforderungen des Alltags zu unterstützen. Über diesen Austausch hinaus, erlauben es Rollenspiele und Interaktionstrainings, einzelne Aspekte der bearbeiteten Themen aufzugreifen und vertieft zu bearbeiten. Je nach Situation können auch bildnerisch-gestalterische Elemente eingesetzt werden.

Das Ziel des Angebotes besteht darin, die Handlungsmöglichkeiten von Menschen mit einer psychischen Krankheit zu erweitern. Im gemeinsamen Austausch mit anderen Betroffenen werden Coping-Strategien entwickelt, um die Anforderungen des Alltages leichter bewältigen zu können. Die Begegnung untereinander bietet hierzu Lern- und Entwicklungsmöglichkeiten, da die Teilnehmenden in der Interaktion und Kommunikation Kompetenzen ausbilden können wie beispielsweise den Umgang mit Konflikten. Darüber hinaus will das Angebot auch Mut für eine selbstbestimmte Lebensgestaltung machen und das Bedürfnis nach Zugehörigkeit befriedigen. Für all jene Themen, welche nicht in der Gruppe bearbeitet werden können, bietet Pro Infirmis den Betroffenen ergänzende Einzelberatungen an. Das Angebot wird durch die Pro Infirmis finanziert und ist für Menschen mit einer psychischen Krankheit kostenlos. Die Teilnehmenden müssen lediglich mit einem Unkostenbeitrag für Getränke rechnen.

Zielgruppe

Ausgangslage: Die psychischen Krankheiten, welche unter den Teilnehmenden am häufigsten vorkommen, sind depressive Störungen. Darüber hinaus leiden einige Teilnehmende zusätzlich unter somatischen Beschwerden wie Übergewicht oder Rheuma. Sofern die Teilnehmenden in den ersten Arbeitsmarkt integriert sind, so sehen sie sich mit dessen hohen Anforderungen konfrontiert, welche zeitweilig zu Überforderungen heranwachsen. Einige berichten zudem von sozialer Isolation und der schwierig zu ertragenden Einsamkeit. Für viele bedeutet alltägliches Handeln wie beispielsweise das Treffen von Entscheidungen eine grosse Herausforderung. Diese Entscheidungsunsicherheit äussert sich beispielsweise darin, dass auf Fragen wie „Was soll ich heute einkaufen?" oder „Was soll ich heute anziehen?" keine befriedigenden Antworten gefunden werden.

Typische Merkmale: Die Alterspanne der Teilnehmerinnen und Teilnehmer ist hoch und bewegt sich zwischen 20 bis 65 Jahren. Das Angebot erreicht mehr Frauen als Männer. Auffallend ist, dass sämtliche Teilnehmenden alleinstehend sind. Einige leben bei Verwandten, während andere alleine leben. Die meisten Teilnehmenden arbeiten Teilzeit oder haben eine geschützte Arbeitsstelle gefunden. Vereinzelt nehmen auch Teilnehmende mit Migrationshintergrund das Angebot in Anspruch.

Ressourcen/Entwicklungspotenziale: Die Teilnehmenden zeigen ein reges Interesse am gemeinsamen Austausch. Sie können teilweise viel Erfahrung im Umgang mit der eigenen Krankheit im Speziellen und mit der Lebensgestaltung im Allgemeinen einbringen. Darüber hinaus sind sie in der Lage, regelmässig und verbindlich am Angebot teilzunehmen und sich in den gemeinsamen Gesprächen aktiv einzubringen. Die Teilnehmenden zeichnen sich unter anderem auch dadurch aus, dass sie einander zuhören und ihre eigenen Anliegen einbringen können. Entwicklungspotenzial besteht im gegenseitigen Geben und Nehmen von Feedback.

Methodisch-didaktisches Vorgehen

Setting: Das Angebot wird halbmonatlich als jeweils zweieinhalb Stunden dauerndes Treffen in den Räumlichkeiten der Pro Infirmis Bern durchgeführt. Die Termine für die rund zwanzig Zusammenkünfte werden für ein ganzes Jahr im Voraus fixiert. Die regelmässige Teilnahme ist erwünscht, da davon ausgegangen wird, dass dies zur Förderung des Vertrauens und der Zugehörigkeit wichtig ist. Die Gruppengrösse bewegt sich zwischen vier bis maximal zehn Personen. Ein vorgängiges Gespräch mit dem Leiter des Bildungsangebotes dient dazu, Erwartungen zu klären und Möglichkeiten des Angebotes aufzuzeigen. Über die Inhalte des gemeinsamen Austausches gilt für alle Beteiligten die Schweigepflicht.

Ablauf: Die Gesprächsrunden werden von einem professionellen Leiter moderiert, welcher die einzelnen Treffen organisiert und strukturiert. Eingeleitet werden die Gesprächsrunden jeweils mit einer Befindlichkeitsrunde, in welcher die Teilnehmenden Auskunft über ihr aktuelles Befinden geben. Dies gibt dem Leiter die Möglichkeit, Themen mit akutem Handlungsbedarf in der Gruppe aufzugreifen und darüber mit den Teilnehmenden in den Austausch zu kommen. Ausgehend von deren Kundigkeit für die eigene Lebenssituation, können Erfahrungen und aussichtsreiche Bewältigungsstrategien der Teilnehmenden zusammengetragen werden, welche als Anregung für die Bewältigung ähnlicher Situationen dienen können.

An diesen Austausch anschliessend bringt der Leiter das vorbereitete Thema ein, welches sich an den Wünschen und Bedürfnissen der Teilnehmenden orientiert. Hier werden Themen aufgegriffen wie beispielsweise „Wie halte ich meinen Körper fit und wie pflege ich ihn?" oder „Wie gestalte ich Beziehungen?". Das jeweilige Thema wird durch einen mündlichen Input des Leiters eingeführt und anschliessend mit Übungen vertieft. Zur praktischen Umsetzung des behandelten Themas kommen beispielsweise Interaktionstrainings oder Rollenspiele zum Einsatz. Ergänzend werden auch kreative Medien wie Papier, Farben oder Ton eingesetzt. Der Leiter beobachtet hierzu das Gruppengeschehen und interveniert gegebenenfalls auf der Grundlage des Handlungsansatzes der themenzentrierten Interaktion nach Ruth Cohn. Er achtet dabei besonders auf ein mögliches Ungleichgewicht zwischen den einzelnen Teilnehmenden, dem behandelten Thema, dem Gruppenzusammenspiel und dem gesellschaftlichen Kontext, welches es auszugleichen gilt (vgl. Methodenbeispiel „Themenzentrierte Interaktion"). Eine solche Situation ist beispielsweise dann gegeben, wenn sich ein Teilnehmer über längere Zeit nicht am Gruppengespräch beteiligt. Hier wäre denkbar, dass sich die Meinung des Teilnehmers zum behandelten Thema vom Gruppenkonsens unterscheidet. Darüber hinaus könnte sich der Teilnehmer auch deswegen nicht zu äussern wagen, da seine Meinung ferner einer gesellschaftlich geteilten Ansicht des Themas widersprechen könnte.

Nach der Bearbeitung des Themas und der anschliessenden praktischen Vertiefung, wird die Gesprächsrunde mit einer Schlussrunde beendet, in welcher sich alle Teilnehmenden nochmals äussern können. Unmittelbar daran anschliessend werden Themenwünsche für die nächste Gesprächsrunde gesammelt, welche dann wiederum vom Leiter vorbereitet werden können. Die Gesprächsrunden werden einmal jährlich mittels einer schriftlichen Befragung der Teilnehmenden evaluiert.

Erfahrungen

Gelingensbedingungen: Aufgrund der verbindlichen und langfristigen Teilnahme am Angebot kann in der Gruppe ein Gefühl der Zusammengehörigkeit und der Solidarität entstehen, was von den Teilnehmenden sehr geschätzt wird. Die Entwicklung dieses Zusammengehörigkeitsgefühls wird weiter durch eine geringe

Gruppengrösse von maximal acht Teilnehmenden unterstützt, was durch die Ergebnisse der Evaluation des Angebotes bestätigt werden konnte. Bei einer solch kleinen Gruppe ist sichergestellt, dass sich alle einbringen können und regelmässig zu Wort kommen.

Darüber hinaus ermöglicht die konsequente Orientierung an den Bedürfnissen der Teilnehmenden die Bearbeitung von lebensweltnahen Themen, welche die Handlungsmöglichkeiten der Betroffenen erweitern helfen. Diese Teilnehmerorientierung setzt der Leiter um, indem er erstens in der Eingangsrunde auf aktuelle Anliegen mit Handlungsbedarf eingeht und zweitens jene Themen in der Schlussrunde erfragt, welche die Teilnehmenden gerne in einer der kommenden Gesprächsrunden vertiefen möchten.

Misslingensbedingungen: Die ungenügende Erwartungsklärung bei der Aufnahme von neuen Gruppenmitglieder kann sich als Stolperstein erweisen, da insbesondere bei nicht offen zur Sprache kommenden Erwartungen, wie beispielsweise die Teilnahme an der Gruppe zwecks Partnersuche, Unzufriedenheit aufkommen kann. Darüber hinaus wirkt sich die Auseinandersetzung mit der eigenen Vergangenheit zuungunsten der Gegenwartsbewältigung negativ auf die Einschätzung der Nützlichkeit der bearbeiteten Themen aus, wie sich in Evaluationen zeigte. So hat sich beispielsweise das Thema „Biographiearbeit" für die Teilnehmenden nicht bewährt, da diese die Auseinandersetzung mit persönlichen Ereignissen als zu belastend erlebt haben, obwohl hier der Fokus auch auf positive Erlebnisse gesetzt wurde.

Nutzen: Gemeinsam mit anderen Betroffenen tauschen sich die Teilnehmenden über Möglichkeiten und Erfahrungen aus, wie der eigene Alltag kompetent gemeistert werden kann. In Interaktions- und Kommunikationsprozessen bieten sich insbesondere im Hinblick auf die Entwicklung von sozialer Kompetenz wichtige Lern- und Übungsgelegenheiten. Die Möglichkeit, die inhaltliche Richtung der behandelten Themen mitbestimmen zu können, stärkt darüber hinaus die Selbstwirksamkeitserwartung der Teilnehmenden. Die Vermittlung von Wissen über die als wichtig eingeschätzte Themen wie beispielsweise der Umgang mit Medikamenten verringert die Unsicherheit seitens der Betroffenen. Darüber hinaus kann das Bedürfnis nach Zugehörigkeit durch die verbindliche und dauerhafte Teilnahme am Angebot zumindest teilweise befriedigt werden, wodurch die drohende Gefahr der sozialen Vereinsamung etwas gemildert wird.

3.4 Praxisbeispiel „Informations- und Trainingsprogramm FiaZ"

Fahren im angetrunkenen Zustand gefährdet alle Verkehrsteilnehmer, da die Wahrnehmung und die Reaktionsgeschwindigkeit der alkoholisierten Fahrerinnen und Fahrer eingeschränkt ist, was bereits für 0.6 Promille Blutalkoholgehalt nachgewiesen werden kann (Zimmermann, 2003, S. 19). Mit 0.8 Promille sind zudem auch die Lenkbewegungen gestört, was das Risiko für einen Unfall mit Todesfolge gegenüber dem Fahren im nüchternen Zustand deutlich erhöht. Aus diesen Gründen ist es wenig überraschend, dass Fahren in angetrunkenem Zustand bereits im Jahre 1958 als Delikt ins Strassenverkehrsgesetz aufgenommen wurde. Die gesetzlichen Sanktionen sehen Busse und Haftstrafe vor, wobei bei einem Promillewert ab 0.8 den Fahrzeuglenkenden zudem ein befristeter Entzug des Führerausweises droht. Ziel dieser Sanktionen ist es, die betroffenen Personen zur Einhaltung der Verkehrsvorschriften zu ermahnen. Im günstigsten Fall tritt infolge der gesetzlichen Sanktionen eine Veränderung des Verhaltens ein, welches allerdings selten langfristiger Natur ist. Vielmehr muss davon ausgegangen werden, dass das problematische Fahrverhalten für viele zur Gewohnheit geworden ist und daher die betroffenen Personen gegenüber solchen Ermahnungen weitgehend resistent bleiben. Eine dauerhafte Verhinderung des problematischen Fahrverhaltens muss durch alternative und ungefährliche Fahrgewohnheiten erreicht werden. Aus diesem Grund haben viele Suchberatungsstellen im Auftrag der Strassenverkehrsämter der Schweiz Bildungsangebote entwickelt, welche durch eine Sensibilisierung für die Problematik des Fahrens im angetrunkenen Zustand sowie konkrete Lern- und Übungsmöglichkeiten eine Veränderung der Fahr- und Trinkgewohnheiten erreichen wollen.

Angebot und Ziele

Das Informations- und Trainingsprogramm der Sozialberatungszentren des Kantons Luzern (www.sobz.ch) mit dem Akronym „FiaZ" für „Fahren im angetrunkenen Zustand" richtet sich an Personen, die wiederholt im angetrunkenen Zustand Auto gefahren sind und polizeilich erfasst wurden. Das Strassenverkehrsamt des Kantons Luzern hat ihnen als Administrativbehörde deswegen mittels Verfügung den Führerausweis entzogen. Zur Wiedererlangung des Führerausweises werden in der Verfügung verschiedene Auflagen zum Thema Trinken und Fahren gemacht. Neben dem Nachweisen von Alkoholabstinenz mittels Blut- und Haaranalyse ist der Besuch des Informations- und Trainingsprogramms FiaZ Teil dieser Auflagen. Dieses Bildungsangebot vermittelt den Teilnehmenden Wissen zum Thema Trinken und Fahren, welches in angeleiteten

Gruppenübungen, Rollenspielen und Einzelarbeiten vertieft wird. Das Angebot ist modular aufgebaut und umfasst insgesamt drei Module. Das Strassenverkehrsamt kann je nach Vergehen den Besuch von einem, zwei oder drei Modulen verfügen. Pro Kalenderjahr kann allerdings nur ein Modul besucht werden. Die Teilnehmenden tragen die Kosten selbst.

Das Angebot orientiert sich am Vorbild des „Trainings für alkoholauffällige Verkehrsteilnehmer und Verkehrsteilnehmerinnen" der Bewährungs- und Vollzugsdienste des Kantons Zürich, welches von Klaus Mayer entwickelt wurde. Das Ziel des Angebots besteht darin, das Bewusstsein für die Problematik des Fahrens in angetrunkenem Zustand zu fördern und die Teilnehmende dazu zu bringen, das Trinken und Fahren voneinander zu trennen. Die Teilnehmenden sollen in die Lage versetzt werden, die Verantwortung für ihr Handeln und deren Folgen zu übernehmen, ihre individuellen Risikosituationen richtig einzuschätzen und in kritischen Situationen die richtigen Entscheidungen, eben zu trinken oder zu fahren, fällen zu können.

Zielgruppe

Ausgangslage: Die Teilnehmenden besuchen das Angebot im Rahmen der Auflagen des Strassenverkehrsamt des Kantons Luzern zur Wiedererlangung ihres Führerausweis. Die ergänzenden Auflagen zur Alkoholabstinenz müssen mittels Blut- und Haaranalyse nachgewiesen werden. Über das Fahren im angetrunkenen Zustand hinaus, zeigen viele der Teilnehmenden chronisch oder episodisch ein risikoreiches Konsumverhalten. Ein Problembewusstsein ist oft nicht vorhanden und einige Teilnehmende fühlen sich als Opfer widriger Umstände.

Typische Merkmale: Bei den Teilnehmenden handelt es sich fast ausschliesslich um Männer. Die Altersspanne ist hoch und bewegt sich zwischen 22 und 80 Jahren. Es gibt keine schichtspezifischen Unterschiede, vom Fabrikarbeiter bis zum Anwalt sind alle sozialen Schichten vertreten.

Ressourcen/Entwicklungspotenziale: Die Teilnehmenden sind dazu motiviert, ihren Führerausweis zurückzuerlangen. Häufig gelingt es den Teilnehmenden auch, ihre anfänglichen Widerstände zu überwinden und sich auf den intendierten Lernprozess einzulassen. Die vermittelten Inhalte zu den Themen Fahren im angetrunkenen Zustand und risikoreicher Alkoholkonsum stossen in aller Regel auf Interesse. Die Teilnehmenden lassen sich für die Mitarbeit im Rahmen von Übungen gewinnen und nehmen in den Diskussionen Stellung. Der Umgang untereinander ist respektvoll.

Entwicklungspotential besteht im Hinblick auf die Entwicklung einer selbstkriti-schen Haltung gegenüber dem eigenen, risikoreichen Fahrverhalten. Für die Teilnehmenden ist insbesondere der Weg hin zur Einsicht, dass hinter ihrem Handeln eigene Entscheidungen stehen, anspruchsvoll.

Methodisch-didaktisches Vorgehen

Setting: Das Programm umfasst insgesamt drei Module. Das erste Modul besteht aus fünf Einheiten, welche jeweils zwei Stunden dauern. Das zweite und dritte Modul aus jeweils drei Einheiten, welche ebenfalls zwei Stunden dauern. Der zeitliche Abstand zwischen den einzelnen Einheiten beträgt zwei Wochen. Das Bildungsangebot wird jeweils am Samstagvormittag oder am Abend eines Wo-chentages in den Räumlichkeiten des Sozialberatungszentrums Amt Luzern durchgeführt. Pro Kalenderjahr kann nur ein Modul besucht werden. Je nach Auflage des Strassenverkehrsamtes kann sich die Dauer der Teilnahme somit über mehrere Jahre hinziehen. Die maximale Gruppengrösse beträgt zwölf Per-sonen. In einer Vereinbarung ist der Umgang mit Absenzen geregelt: Bei einer begründeten Absenz kann die Einheit nachgeholt werden, wobei bei zwei Ab-senzen das jeweilige Modul wiederholt werden muss. Unentschuldigte Absenzen führen dazu, dass das Modul wiederholt und erneut bezahlt werden muss.

Ablauf: In einem Vorgespräch klärt die Leitung die Teilnehmenden einzeln über Sinn und Zweck des Bildungsangebotes auf. Auf der Grundlage der individuel-len Verfügung des Strassenverkehrsamtes werden Erwartungen und Motivation für das Angebot geklärt. Die Teilnehmenden müssen sich zur verbindlichen Teilnahme verpflichten, indem sie eine Vereinbarung unterzeichnen.

Die Erarbeitung von Lerninhalten beziehungsweise konkreten Verhaltens-strategien erfolgt durch Wissensvermittlung, Einzelarbeiten, Gruppendiskussio-nen, Rollenspielen und Übungen in Kleingruppen sowie Hausaufgaben. Die Leiterinnen vermitteln das Wissen in jeweils zehn bis zwanzig Minuten dauernde Referaten, wobei sie sich hierbei abwechseln. Dieses Co-Teaching erlaubt es den Leiterinnen, auch weitere Aufgaben wie beispielsweise die Beobachtung der Gruppe zu übernehmen. Die an die Referate anschliessenden Diskussionen wer-den in Halbgruppen geführt, welche von je einer Leiterin angeleitet werden. Die Diskussionen dienen nicht nur dem Zweck einer weiteren Vertiefung der Wis-sensinhalte, sondern auch dem Einbezug unterschiedlicher Meinungen und Er-fahrungen der Teilnehmenden, damit sich diese wertgeschätzt fühlen können. Darüber hinaus werden die Teilnehmenden zwischen den Sequenzen der Wis-sensvermittlung auch in angeleiteter Einzelarbeit zur kritischen Auseinandersetzung mit dem eigenen Alkoholkonsum und Fahrverhalten aufgefordert. Ein Beispiel hierzu stellt die Rekonstruktion risikoreicher Situationen dar, welche mit dem Ziel durchgeführt wird, ein in dieser Situation erfolgtes, problematisches Verhalten zukünftig zu vermeiden (vgl. Methodenbeispiel „Rekonstruktion"). Dasselbe Ziel wie die angeleiteten Einzelarbeiten verfolgen auch die Hausaufgaben, wobei hier im Unterschied zur Einzelarbeit auch grössere Arbeitsaufträge eingefordert werden. Ergänzt werden diese Lernsettings durch alltagsnahe Übungen und Rollenspielen in Kleingruppen.

Zu Beginn der ersten Einheit stellen sich die Teilnehmenden gegenseitig vor und geben Auskunft zu den folgenden drei Fragen: „Wievielmal wurde mir der Führerausweis bereits entzogen?", „Wie viele Promille wurde beim letzten Fahren im angetrunkenen Zustand festgestellt?" und „Was läuft zurzeit gut in meinem Leben?". Anschliessend führen die beiden Leiterinnen die Teilnehmenden mittels Folien in das Programm ein. Hierbei wird nochmals auf die Regeln zu „Fairness und Respekt" sowie „Schweigepflicht" hingewiesen. Den Teilnehmenden wird zudem ein Arbeitsheft überreicht, welches sämtliche Unterlagen enthält. Die drei Module organisieren sich thematisch folgendermassen:

- Das erste Modul umfasst fünf Einheiten und widmet sich den Themen: Rekonstruktion und Rückfälle, eigene Verantwortung, Wirkungen von Alkohol, Planung und Entscheidung sowie Ablehnung.
- Das zweite Modul besteht aus drei Einheiten und greift die folgenden Themen auf: Eigene Haltung, Stress sowie Analyse und Bilanz.
- Das dritte Modul besteht wie das zweite Modul ebenfalls aus drei Einheiten und beschäftigt sich mit den Themen: Erkennen von Gefahren, Selbstkontrolle und Rückfallrisiko.

Jedes Modul wird mittels schriftlichen und mündlichen Rückmeldungen der Teilnehmenden ausgewertet. Darüber hinaus treffen sich die Leiterinnen zweimal jährlich zu einer Evaluationssitzung, in welcher die Module aus Sicht der Leiterinnen evaluiert werden. Auf der Grundlage der Evaluationsergebnisse werden anschliessend Verbesserungen abgeleitet und umgesetzt.

Erfahrungen

Gelingensbedingungen: Die Einhaltung der Regeln zu Fairness, Respekt und Schweigepflicht wird verbindlich eingefordert, was die Teilnehmenden sehr schätzen. Insbesondere die Schweigepflicht wirkt sich positiv auf das gegenseitige Vertrauen und die Offenheit aus. Die Leiterinnen begegnen den Teilnehmenden wertschätzend und wohlwollend, während sie deren Delikt klar verurteilen. Auf die dadurch erreichte Trennung zwischen Person und Delikt reagieren die Teilnehmenden positiv, was die Überwindung anfänglicher Widerstände ermöglicht. Dies bewirkt eine entspannte Arbeitsatmosphäre, da sich die Teilnehmenden nicht persönlich angegriffen fühlen und sich für alternative Sichtweisen auf ihr problematisches Fahrverhalten öffnen können. Darüber hinaus ist es für die Teilnehmenden auch hilfreich, wenn die Zusammenhänge zwischen Trinkgewohnheiten und Fahrverhalten durch die Vermittlung des entsprechenden Wissens versachlicht werden. So kann beispielsweise das Wissen über die Entstehung von Rückfällen zur als günstig zu wertenden Überzeugung führen, bisher unkontrollierbare Rückfälle durch geeignete Massnahmen zukünftig vermeiden zu können. Zudem macht der Austausch mit den anderen Teilnehmenden erfahrbar, dass ein problematisches Verhalten nicht in einem ausschliesslich bei der eigenen Person zu suchendem Versagen begründet liegt, sondern auch andere betrifft. Deren Rechtfertigungsversuche für das eigene Handeln kann den Teilnehmenden ausserdem die Unzulänglichkeit eigener Rechtfertigungsversuche vor Augen führen. Umgekehrt können die Teilnehmenden einander aber auch hilfreiche Bewältigungsstrategien für risikoreiche Situationen zugänglich machen.

Misslingensbedingungen: Zu Beginn kann seitens einiger Teilnehmenden der Ärger über die in der Verfügung verhängten Auflagen vorherrschen, welcher sich in einem reaktantem Verhalten äussern kann. Dieser Widerstand gegenüber der Einschränkung der vermeintlich bestehenden Freiheit des Trink- und Fahrverhaltens zeigt sich in dem Bestreben, die verbotene Handlung auch weiterhin zu zeigen, um damit die bedrohte Freiheit zu verteidigen oder wiederherzustellen. Als problematisch ist dabei die Aufwertung der verbotenen Handlung zu beurteilen, da diese dann besonders erstrebenswert erscheint. Je grösser die Bedrohung durch die Freiheitseinengung, desto stärker wird die Reaktanz und damit das reaktante Verhalten. Um zu verhindern, dass einzelne Teilnehmende Reaktanz zu entwickeln beginnen, müssen die unterschiedlichen Ansichten zum Thema Trinken und Fahren auch zugelassen werden und das Verständnis der Teilnehmenden für die Legitimität der Verhaltenseinschränkung gewonnen werden. Falls sich das Widerstandspotential einzelner Teilnehmenden dadurch nicht entschärfen lässt oder sogar über eine soziale Ansteckung andere Teilnehmende involviert werden, muss die Leitung den Widerstand offen ansprechen und mit der Gruppe eine Lösung finden. Als allerletzte Möglichkeit können einzelne Teilnehmende auch aufgrund ihres destruktiven Verhaltens vom Angebot ausgeschlossen werden.

Nutzen: Die Teilnehmenden erleben das zu den zwischen Trink- und Fahrverhalten bestehenden Zusammenhängen vermittelte Wissen als hilfreich. Darüber hinaus sind insbesondere die Vertiefung der Inhalte in Einzelarbeiten, Gruppenübungen und Rollenspielen als nützlich zu beurteilen, da dadurch die kritische Auseinandersetzung mit dem eigenen, problematischen Verhalten angeregt wird sowie alternative Verhaltensweisen erlernt und gefestigt werden können. Neben den Leiterinnen können hierbei auch geeignete Teilnehmende eine Vorbildfunktion übernehmen, indem sie sich über soziale Lernprozesse als Modell anbieten und über den informellen Austausch Lerngelegenheiten eröffnen. Insbesondere das Erkennen von individuellen Risikosituationen, die vorausschauende Planung sowie die Erarbeitung alternativer Verhaltensweisen scheinen besonders aussichtsreich. Teilweise schaffen es die Teilnehmenden auch, die alternativen Verhaltensweisen in Gewohnheiten zu überführen, wodurch sich Rückfälle zum Fahren im angetrunkenen Zustand verhindern lassen.

3.5 Praxisbeispiel „KNOW-HOW – NO-HAU"

Trotz der hohen medialen Aufmerksamkeit für das Phänomen Jugendgewalt ist es in den vergangenen Jahren in der Schweiz nicht zu einer Zunahme schwerer Gewalt gekommen, wie Eisner, Ribeaud und Bittel (2006) zeigen konnten. Vielmehr ist im Gegenteil von einem rückläufigen Trend auszugehen. Die Zunahme von angezeigter Jugendgewalt ist vermutlich eher auf eine erhöhte Sensibilisierung der Gesellschaft, eine steigende Anzeigebereitschaft sowie eine vermehrte Registrierung zurückzuführen (Eisner, Ribeaud & Bittel, 2006, S. 15). Jugendgewalt tritt konzentriert in Milieus auf, in welchen Gewalt als Interaktionsform eher erwartet, akzeptiert oder provoziert wird. Die Zugehörigkeit zu einer bestimmten Gruppe spielt eine zentrale Rolle und die Tatmotive junger Gewalttäter sind häufig auf Rivalitäten zwischen den Gruppen zurückzuführen. Die Gewalttaten Jugendlicher stellen für sie die zum jeweiligen Zeitpunkt einzige und bestmögliche Strategie zur Bewältigung herausfordernder Situationen dar (Ribeaud & Eisner, 2008, S. 76 ff.). Bei jungen Männern besteht eine deutlich höhere Gewaltbereitschaft als bei jungen Frauen, weswegen das männliche Geschlecht zu Recht als Risikofaktor für Jugendgewalt betrachtet wird. Nachgewiesen ist insbesondere auch die Korrelation zwischen jugendlicher Gewaltdelinquenz und gewaltlegitimierenden Männlichkeitsnormen bei jungen Männern wie beispielsweise „Ein Mann, der nicht dazu bereit ist, sich gegen Beleidigungen mit Gewalt zu wehren, ist ein Schwächling!" oder „Ein richtiger Mann ist bereit, sich mit körperlicher Gewalt gegen jemanden durchzusetzen, der schlecht über seine Familie redet!" (Enzmann, 2002, S. 32). Darüber hinaus bestehen bei den jugendlichen Tätern auch diffuse Täter-Opfer-Vermischungen, welche eine reflektierte Positionierung im polaren Täter-Opfer-Kontinuum verhindern (Jantz, 2003).

Zusammenfassend kann also davon ausgegangen werden, dass jugendliche Gewalttäter oft über keine gesellschaftliche akzeptierte Form der Bewältigung herausfordernder Situationen verfügen und das männliche Geschlecht als Risikofaktor für eine erhöhte Gewaltbereitschaft betrachtet werden muss. Aus diesen Gründen erscheinen geschlechtsspezifische Bildungsangebote, in welchen junge Männer alternative Strategien zur Meisterung risikoreicher Situationen erlernen und trainieren können, zur Gewaltprävention besonders aussichtsreich.

Angebot und Ziele

Das Bildungsangebot KNOW-HOW – NO-HAU der Fachstelle gegen Männergewalt in Luzern (www.agredis.ch) richtet sich an junge, gewalttätige Männer.

Im Rahmen des Angebotes setzen sich die jungen Männer mit den verübten Gewalttaten und risikoreichen Alltagssituationen auseinander. Durch eine sorgfältige Vorausplanung sollen risikoreiche Situationen vermieden und durch eine erhöhte Aufmerksamkeit für eigene Alarmzeichen risikoreiche Situationen frühzeitig erkannt werden können. Die Erarbeitung von individuellen Handlungsplänen ermöglicht es den jungen Männern sich alternative Verhaltensweisen zu überlegen, diese im Alltag anzuwenden und anschliessend mit der Gruppe zu evaluieren. Begleitet werden die Teilnehmer dabei von Sozialarbeitern, welche über eine Weiterbildung im Bereich der Gewaltpädagogik und Gewaltberatung verfügen.

Das wichtigste Ziel des Bildungsangebotes besteht darin, jungen Männern alternative Handlungsmöglichkeiten für herausfordernde Situationen zu eröffnen. Die Teilnehmer werden dazu befähigt, risikoreiche Situationen zukünftig erfolgreich zu bewältigen und die Verantwortung für das eigene Handeln zu übernehmen. Die Kosten für das Angebot werden in der Regel von den Jugendanwaltschaften übernommen, welche den jungen Männern den Besuch des Angebots auferlegen. Von der Fachstelle gegen Männergewalt wird eine Eigenbeteiligung durch die jungen Männer oder deren Eltern im Rahmen von zehn bis zwanzig Prozent empfohlen.

Zielgruppe

Ausgangslage: Die jungen Männer werden aufgrund der verübten Gewaltdelikte von der Jugendanwaltschaft zur Teilnahme am Bildungsangebot verpflichtet. Beim Eintritt verstehen sich die Teilnehmer nach Angaben des Leiters eher als Opfer denn als Täter. Die Gründe für das eigene Verhalten werden bei den Opfern gesucht, was sich in Aussagen wie „Der andere hat mich so blöde angekuckt, da konnte ich doch voll nichts dafür!" niederschlägt. Darüber hinaus zeigen die Teilnehmer zunächst kaum das nötige Interesse und die Absicht, etwas an ihrem Verhalten ändern zu wollen. Die Konsequenzen und Folgen ihrer Gewalttaten sind ihnen teilweise gar nicht bewusst. Auf ihre Gewaltdelikte angesprochen, versuchen die jungen Männer auszuweichen oder diese zu bagatellisieren.

Typische Merkmale: Das Alter der Teilnehmer liegt zwischen 15 und 20 Jahren. In Bezug auf Schichtzugehörigkeit, familiäre Verhältnisse und schulisch-berufliche Situation zeigen sich keine eindeutigen Trends. Gemessen an der Gesamtbevölkerung ist der Anteil an ausländischen Teilnehmer verhältnismässig hoch, während in der Bildungssituation einheimische und ausländische Teilnehmer etwa hälftig vertreten sind. Alkohol- und Drogenkonsum scheinen das gewalttätige Verhalten zu begünstigen, was auf die substanzbedingt beeinträchtigte Selbstwahrnehmung und erhöhte Enthemmung zurückgeführt werden kann. Die Teilnehmer fühlen sich in der Regel zu Cliquen gleichaltriger männlicher Heranwachsender zugehörig, in welchen Gewalt oft toleriert wird oder sogar eine wichtige Funktion für die Aufrechterhaltung der Cliquenidentität darstellt. In den Rechtfertigungsversuchen ist oft die Rede von hoch besetzten Begriffen wie Respekt, Ehre und Stolz. Der Verlust einer bestimmten Position innerhalb der Clique sowie die Angst vor Gesichtsverlust sind häufig genannte Motive für gewalttätiges Verhalten. In gemeinsamen Diskussionen scheinen Aussagen auf, welche auf das Festhalten an gewaltlegitimierenden Männlichkeitsnormen hinweisen. Darüber hinaus orientieren sich viele Teilnehmer an sozial scheinbar erfolgreichen Vorbildern, welche Aggression instrumentell zur Durchsetzung eigener Interessen gezielt einsetzen.

Ressourcen/Entwicklungspotenziale: Der Umgang ist von gegenseitigem Respekt geprägt. Die Teilnehmer zeichnen sich dadurch aus, dass sie einander zuhören, ihre eigenen Anliegen einbringen und Vorschläge annehmen können. Sie lassen die anderen an ihren Erfahrungen teilhaben und leisten so gegenseitige, informelle Unterstützung für die Bewältigung der herausfordernden Situationen, mit welchen sich die jungen Männern typischerweise konfrontiert sehen. Nach Überwindung der anfänglich vorhandenen Widerstände, entfaltet sich in der Regel das kreative Potential der Teilnehmer. Dies äussert sich beispielsweise in ideenreichen Beiträgen zu alternativen Handlungsmöglichkeiten für risikoreiche Situationen. Darüber hinaus können sich die Teilnehmer auch auf Übungen zu gewaltvermeidenden Handlungsmuster einlassen und engagieren sich hierbei teilweise stark. Entwicklungspotenzial besteht im Hinblick auf die reflektierte Selbsteinschätzung und der Umsetzung von Handlungsabsichten in als risikoreich identifizierte Situationen.

Methodisch-didaktisches Vorgehen

Setting: Das Programm umfasst insgesamt zwölf Einheiten, welche jeweils anderthalb Stunden dauern. Die einzelnen Einheiten finden einmal wöchentlich in den Räumlichkeiten der Fachstelle gegen Männergewalt in der Stadt Luzern statt. Das Bildungsangebot wird zwei Mal pro Jahr durchgeführt. Zwei Leiter begleiten eine Gruppe von jeweils drei bis sechs Teilnehmern. Die Leiter melden unentschuldigte Absenzen dem Auftraggeber, wobei es sich dabei in der Regel um die Jugendanwaltschaft handelt. Darüber hinaus werden den Auftraggebern

mündliche Zwischen- und Schlussberichte erstattet und den Teilnehmern zum
Schluss die Teilnahme bestätigt.

Ablauf: Zu Beginn klären die Leiter in ein bis zwei Einzelgesprächen mit den
Jugendlichen und den Auftraggebern die Eignung für die Teilnahme am Bil-
dungsangebot ab. Gegen die Teilnahme können beispielsweise zu geringe
Deutschkenntnisse oder eine bestehende Drogensucht sprechen.

Am ersten Tag klärt der Leiter dann die Kooperationsbereitschaft, die Erwartungen und die Motivation der Teilnehmer. Zu diesem Zweck stellt er Fragen
wie beispielsweise „Was glauben Sie, was ihnen das Bildungsangebot nützen
könnte?" oder „Mit welchem Ziel besuchen Sie dieses Bildungsangebot?". Diese
Fragen sollen die zu Beginn vorhandene und negativ geprägte Einstellung „Ich
habe kein Problem, ihr habt ein Problem mit mir!" aufweichen helfen. Nach
diesem Austausch über Sinn und Zweck des Bildungsangebotes können sich die
Teilnehmer eigene Regeln für die Zusammenarbeit geben. Zum Abschluss dieser
ersten Einheit erhalten die Teilnehmer eine Hausaufgabe: Zur Vorbereitung auf
die nächste Einheit sollen sie eine Situation reflektieren, in der sie ein gewalttätiges Verhalten gezeigt haben.

In den nachfolgenden Einheiten muss jeder einzelne Teilnehmer über eine
von ihm verübte Gewalttat aus seiner Täterperspektive berichten. Diese Deliktrekonstruktion dient dem Zweck, den Teilnehmern die eigene Verantwortung für
ihr Handeln bewusst zu machen und die Dynamik der Gewalt besser verstehen
zu können. Die dabei häufig anzutreffenden Versuche, die Tat zu bagatellisieren
oder stark verkürzt wiederzugeben, verhindert der Leiter durch konfrontierte
Fragen. Die anderen Teilnehmer werden ins Gespräch mit Fragen eingebunden
wie beispielsweise „Was denken Sie? Verstehen Sie was da passiert ist oder
müssen wir noch mehr wissen? Ist vielleicht etwas Wichtiges ausgelassen worden?". Darüber hinaus teilt auch der Leiter den Teilnehmern mit, was bei der
Schilderung der Gewalttat in ihm vorgeht. Der Leiter stellt sich hierbei als soziales Modell zur Verfügung, ermöglich eine Orientierung an einem erwachsenen
Gegenüber und hilft den Teilnehmern dabei, auch negativ bewertete Gefühle wie
Angst, Scham und Ohnmacht zu benennen.

Anhand von Überlegungen zu Konsequenzen des eigenen Handelns wird
die Legitimität für das gewalttätige Verhalten zu verunsichern versucht. Die
einsetzenden Zweifel an der Richtigkeit der gegenwärtigen Verhaltensweisen
werden mittels Kosten-Nutzen-Abwägungen mit Fragen wie beispielsweise
„Was ist der Vorteil, wenn Sie weiterhin mit Gewalt reagieren?" und „Was hät-
ten Sie für Chancen, wenn Sie ihr Verhalten ändern würden?" unterstützt. Die
anschliessende Bilanzierung der Kosten und Nutzen soll die Teilnehmer zu Ver-
haltensänderungen motivieren wie beispielsweise: „Gut, also kurzfristig betrach-

tet, bringt Ihnen Ihr Verhalten einen Nutzen, da sie damit ihr Ansehen in der Clique steigern können. Langfristig betrachtet, zieht Ihr Verhalten allerdings hohe Kosten nach sich, da Sie verschiedentlich angezeigt werden und vor dem Jugendanwalt erscheinen müssen."

Konnten die Teilnehmer so für die Änderung ihres Verhaltens gewonnen werden, lassen sich gemeinsam alternative Verhaltensweisen erarbeiten. Hierzu werden sie unter Zuhilfenahme des Risikokreises (vgl. Methodenbeispiel „Risikokreis") aufgefordert, risikoreiche Situationen auszuwählen, auf deren Risikopotential hin einzuschätzen und eine dieser Situationen auszuwählen, welche sie bearbeiten wollen. Im gemeinsamen Austausch erarbeitet die Gruppe einen einfachen Handlungsplan mit den drei Hauptelementen „Planen im Voraus", „Alarmzeichen wahrnehmen" und „Risikosituation bewältigen". Anschliessend entscheiden die Teilnehmer darüber, was sie sich zutrauen umzusetzen. In der nächsten Einheit wird gleich zu Beginn Zeit eingeräumt, damit die Teilnehmer von ihren Erfahrungen im Alltag mit der Umsetzung alternativer Verhaltensstrategien berichten können.

Ausgehend von den berichteten Erfahrungen greift der Leiter vorbereitete Themen mit den folgenden Schwerpunkten auf:

- Arbeitsfähigkeit: Arbeitsfähigkeit herstellen, Auftrag klären, Zieldefinition
- Gewalt: Eigene Gewalttaten, Deliktrekonstruktion
- Opferperspektive: Fremdwahrnehmung, Empathie für Opfer
- Kosten/Nutzen: Konsequenzen und Folgen, Kosten-Nutzen-Waage, Bilanz ziehen
- Entscheidung: Änderungsbereitschaft, Absichtsbildung
- Vorbilder: Männliches Rollendenken, irreale und reale Vorbilder
- Verantwortung: Verantwortung abschieben, bagatellisieren und übernehmen
- Alarmzeichen: Selbstwahrnehmung, Risikosituationen erkennen
- Notfallplan: Handeln im Notfall
- Ehrenkodex: Ehrverletzung, Ehrverständnis

Zwischen den Einheiten vertiefen die Teilnehmer ihre neu erworbenen Erkenntnisse, indem sie ihre Erfahrungen und Erlebnisse des Alltags in einem Notizbuch festhalten. Diese Notizen können anschliessend auch in Gruppen als Gedankenstütze zur weiterführenden Reflexion genutzt werden. Der Leiter verteilt den Teilnehmern hierzu ein attraktives Notizbuch, welches unter der Bezeichnung „Moleskine" bekannt ist. Dieses Notizbuch hat seinen französischen Namen von seinem Einband erhalten, welcher ursprünglich aus schwerem, robusten Baumwollstoff bestand.

Am Ende der zwölf Einheiten verfasst jeder Teilnehmer eine Selbsteinschätzung, welche als Lernkontrolle dient und auch dem Auftraggeber ausgehändigt wird. Darüber hinaus führen die Leiter mit jedem Teilnehmer zum Abschluss ein bis zwei Einzelgespräche sowie ein Schlussgespräch mit dem Auftraggeber. Der Teilnehmer gibt dabei darüber Auskunft, woran er gearbeitet hat, was ihm wichtig geworden ist, wo er heute anders reagiert und bei welchen Punkten noch Handlungsbedarf besteht.

Erfahrungen

Gelingensbedingungen: Der Beziehungsarbeit kommt besondere Bedeutung zu, da der Leiter dadurch einen Zugang zu den jungen Teilnehmer erhält. Hilfreich ist die Einnahme einer wertschätzenden und wohlwollenden Haltung der Leiter gegenüber den Teilnehmern und ein Interesse für deren Ansichten und Anliegen zum Thema. Die Unterscheidung zwischen Akzeptanz der Person und Verurteilung der Gewaltdelikte erleichtert es den Teilnehmern, Widerstände aufzugeben und Änderungsbereitschaft zu entwickeln.

Bewährt hat sich insbesondere auch die Etablierung eines lösungsorientierten Zuganges zu lebensweltnahen Themen, welche den persönlichen Gewinn der Teilnehmer in den Vordergrund stellen mit Fragen wie „Inwiefern könnte es sich für Sie lohnen, dass Sie sich in Ihrer Clique anders verhalten?". Je nützlicher die Teilnehmer die Beschäftigung mit den bearbeiteten Themen einschätzen, desto eher lassen sich die Jugendlichen auf das Angebot ein und die Wahrscheinlichkeit für den erfolgreichen Transfer des Gelernten in den Alltag steigt.

Die Co-Leitung mit zwei Leitern trägt wesentlich zum Gelingen des Bildungsangebotes bei, da dadurch unterschiedliche Rollen wie Moderator und Beobachter wahrgenommen werden können. Dieses kooperative Vorgehen entlastet die Leiter insbesondere in Konfliktsituationen, da hier gegenseitig Unterstützung geboten werden kann. Aber auch die didaktischen Möglichkeiten der beiden Leiter können für das Bildungsangebot genutzt werden, wodurch sich der Spielraum für Lehr-Lernprozesse wesentlich erweitern lässt. Darüber hinaus können auch didaktische Gewohnheiten auf deren Bewährung in den Bildungssituationen hin kollegial supervidiert werden.

Misslingensbedingungen: Die Rekonstruktion der Delikte muss sorgfältig vorgenommen werden können, damit die Teilnehmer den Tathergang im vollen Umfang verstehen können. Hierbei muss verhindert werden, dass die anderen Teilnehmer sich zu stark ins Geschehen verwickeln lassen und Komplizenschaft übernehmen. Darüber hinaus verhindert eine ungenügende Klärung der Täter-

Opfer-Vermischung eine Verantwortungsübernahme für das eigene Handeln. Äusserungen zu Beginn wie „Der andere hat ja mich so blöde angekuckt, da konnte ich doch voll nichts dafür!" zeugen von der unreflektierten Trennung zwischen der Position des Täters und der Position des Opfers und sollten die Leitung hellhörig werden lassen. Bei der Entflechtung dieser Täter-Opfer-Vermischung soll allerdings weniger eine dichotome Unterscheidung von Täter und Opfer angestrebt werden, sondern vielmehr eine Verortung der eigenen Position auf dem polaren Täter-Opfer-Kontinuum ermöglicht werden. Ansonsten steht zu befürchten, dass sich die Teilnehmer gegen aussen anpassen und eine rigide Trennung zwischen Täter und Opfer vertreten, aber gegen innen nach wie vor eine diffuse Vermischung der Täter- und Opferposition aufrechterhalten.

Nutzen: Im Rahmen des Bildungsangebotes lernen die Teilnehmer, sich kritisch mit den begangenen Gewaltdelikten auseinanderzusetzen. Die Rekonstruktion der Tat ist vielen eine Hilfe, sich der Verantwortung für das eigene Handeln bewusst zu werden und die Verantwortung auch tatsächlich zu übernehmen. Die in der Gruppe gemeinsam erarbeiteten Lösungsansätze zur Bewältigung der herausfordernden Situationen motivieren die Teilnehmer, diese in ihrem Alltag auch umzusetzen versuchen. Die jungen Männer schätzen in der Bildungssituation besonders die Möglichkeit zur gegenseitigen Peer-to-Peer Beratung, welche als Garanten für die Lebensweltnähe der gemeinsam entwickelten Handlungsansätze wirken. Die daran anschliessende Gelegenheit, die im Alltag umgesetzten Lösungen in der Gruppe zu reflektieren, eröffnen allen Teilnehmern Lerngelegenheiten und verbessern den Transfer des Gelernten über das Bildungsangebot hinaus. Obendrein leistet diese intensive Beschäftigung mit dem eigenen Verhalten und Erleben im Alltag auch einen Beitrag zur Persönlichkeitsentwicklung der Jugendlichen. Es macht vielen Jugendlichen Mut, wenn sie die Erfahrung machen können, dass sie bei echten oder vermeintlichen Provokationen nicht der Situation ausgeliefert sind und mit Gewalt reagieren müssen, sondern auch echte Handlungsalternativen haben, welche sie in ihren Selbst- und Fremdbild als Mann nicht beschädigen.

3.6 Praxisbeispiel „Begleitete Laufbahngruppe für Frauen"

Jungen Frauen fällt der Übertritt von der Schule in die Berufsausbildung trotz durchschnittlich deutlich besseren Schulleistungen schwerer als Männern. Im Kampf um knappe Lehrstellen ziehen junge Frauen im männlich dominierten dualen Berufsausbildungssystem oft den Kürzeren (Geissler, 2008 S. 87). Auch in der beruflichen Weiterbildung sind Frauen gegenüber Männern deutlich untervertreten. Dies kann gemäss Faulstich und Zeuner (2008, S. 121) im Wesentlichen auf zwei Faktoren zurückgeführt werden: Frauen sind erstens seltener erwerbstätig und zweitens deutlich häufiger teilzeitlich beschäftigt. Beide Faktoren verringern ihre Möglichkeiten beträchtlich, an beruflicher Weiterbildung teilzunehmen. Die Benachteiligung von Frauen liegt somit also weniger im Weiterbildungssystem begründet als vielmehr in der strukturellen Ungleichheit der beruflichen Einbindung.

Die Gründe für die tieferen Beschäftigungsgrade von Frauen sind in der Regel in der immer noch nur unzureichend gegebenen Vereinbarkeit von Familien- und Erwerbsarbeit zu suchen, wobei die familiale Zuweisung der unentgeltlichen und wenig prestigeträchtigen Familienarbeit immer noch selbstverständlich an die Frauen respektive Mütter geschieht. Männer beanspruchen dagegen ebenso selbstverständlich die Erwerbsarbeit und reservieren individuell sowie kollektiv jene Berufsfelder für sich, welche besonders ertragreich und erfolgversprechend sind (Beer, 2008, S. 62). Aufgrund der durch die Familienarbeit bedingten Unterbrechungen in der Berufsbiographie von Frauen und entsprechenden Wiedereingliederungsprobleme erstaunt es auch nicht, wenn Frauen häufiger und länger arbeitslos sind und sich mit geringeren Aufstiegs- und Karrierechancen zufrieden geben müssen (Faulstich, 2008, S. 122). Noch anspruchsvoller ist die Situation indessen für alleinerziehende Mütter, welche sowohl ihren beruflichen als auch ihren familiären Ansprüchen gerecht zu werden versuchen. So berichten alleinerziehende Mütter oft von typischen Belastungsemotionen, welche im Kontext der Vereinbarkeit von Beruf und Familie entstehen: „Die Frauen berichten von einem schlechten Gewissen, da sie sich aufgrund ihrer Berufstätigkeit nicht in vollem Umfang ihren Kindern widmen können." (Schneider, Krüger, Lasch, Limmer & Matthias-Bleck, 2001, S. 142).

Aufgrund der Tatsache, dass Frauen in der beruflichen Weiterbildung benachteiligt sind und ihre Aussichten auf eine berufliche (Wieder-)Eingliederung generell schlechter als jene der Männer sind, werden Frauen zu einer wichtigen Zielgruppe von Bildungsangeboten, welche die Berufschancen von Frauen verbessern wollen. Die Soziale Arbeit ist gefordert, die Teilhabemöglichkeiten der Frauen in der Berufs- und Arbeitswelt zu erweitern.

Angebot und Ziele

Das Angebot der begleiteten Laufbahngruppe wird von der Fachstelle fraw realisiert (www.fraw.ch), wobei das Akronym „fraw" für „Frau, Arbeit und Weiterbildung" steht. Die Fachstelle begleitet, berät und unterstützt Frauen mit unterschiedlichen Angeboten bei ihrer Berufs- und Laufbahngestaltung. Insbesondere zu den Themen Wiedereinstieg, Erwerbslosigkeit sowie Vereinbarkeit von Familie und Beruf finden die Frauen Unterstützung. Darüber hinaus ist die Fachstelle mit verschiedenen Frauenorganisationen und Institutionen vernetzt und setzt sich für eine frauen- und familienfreundliche Berufswelt ein.

Ziel des Angebotes ist es, Frauen Möglichkeiten aufzuzeigen helfen, wie sie ihre gegenwärtige Lebenssituation befriedigend gestalten können. Zur Erreichung dieses Zieles, beraten sich die Frauen in der Laufbahngruppe gegenseitig. Die Frauen setzen sich hierzu im Sinne einer Standortbestimmung mit ihrer bisherigen persönlichen und beruflichen Entwicklung auseinander, um auf dieser Basis berufliche Veränderungen anzuvisieren oder einen neuen beruflichen Weg einzuschlagen. Im kollegialen Austausch mit anderen Frauen sollen neue Perspektiven und Sicherheit gewonnen sowie die bisherigen Berufs- und Lebenserfahrungen schätzen gelernt werden. Die Kosten für die Laufbahngruppe werden von den Teilnehmerinnen übernommen, wobei die Fachstelle vom eidgenössischen Büro für die Gleichstellung von Frau und Mann, von Spenderinnen und Spendern sowie von Vereinsmitgliedern finanziell unterstützt wird.

Zielgruppen

Ausgangslage: Das Angebot wird von Frauen genutzt, welche ihre aktuelle berufliche Situation reflektieren und verändern möchten. Deren individuellen Zielsetzungen sind sehr unterschiedlich. So wird das Angebot beispielsweise von Frauen besucht, welche den Berufsabschluss nachholen, Wege aus der Erwerbslosigkeit finden, Möglichkeiten für die Vereinbarkeit von Familie und Beruf suchen, geeignete berufliche Weiterbildungsmöglichkeiten entdecken oder Strategien für die eigene Karriereplanung entwickeln möchten. Unsicherheiten seitens der Frauen bestehen insbesondere dahingehend, die Auswirkung der eigenen Entscheidungen für ihre weitere berufliche Laufbahn und ihre Lebenssituation abschätzen zu können. Von der professionell begleiteten Laufbahngruppe erwarten sich die Teilnehmerinnen deshalb eine kritische Aussensicht sowie konkrete Unterstützung für ihre Berufs- und Lebensplanung.

Typische Merkmale: Wie die heterogenen Zielsetzungen als Anlass für den Besuch des Angebotes zeigen, sind auch die aktuellen beruflichen Situationen der Frauen als heterogen einzuschätzen: Am Angebot nehmen sowohl erwerbslose als auch erwerbstätige Frauen genauso wie Ein- und Wiedereinsteigerinnen mit individuell unterschiedlichen Anliegen und Ausgangslagen teil. Als ebenso verschiedenartig sind auch deren persönliche Situationen, familiären Umstände sowie beruflichen Hintergründe zu bewerten. Das Alter der aus unterschiedlichen sozialen Schichten entstammenden Frauen bewegt sich zwischen 20 und 60 Jahren.

Ressourcen/Entwicklungspotenziale: Die Teilnehmerinnen sind motiviert, sich intensiv mit ihrer beruflichen Situation auseinanderzusetzen und gemeinsam mit den anderen Teilnehmerinnen neue Möglichkeiten der beruflichen Weiterentwicklung auszuloten. Hierzu sind sie gewillt, sich mit eigenen Stärken und Schwächen auseinanderzusetzen. Aufgrund der unterschiedlichen Biographien verfügen die Teilnehmerinnen kollektiv über ein grosses Erfahrungswissen, welches auf den verschiedenartigen Lebens- und Berufserfahrungen gründet. Die Nutzbarmachung dieses kollektiven Wissens erlaubt es allen Teilnehmerinnen, gegenseitig voneinander lernen zu können. Entwicklungspotential besteht seitens der Teilnehmerinnen im Hinblick auf die Gewinnung von Entscheidungssicherheit für die eigenständige Berufs- und Lebensplanung.

Methodisch-didaktisches Vorgehen

Setting: Die Laufbahngruppe wird im Zeitraum von einer Woche durchgeführt. In dieser Woche finden drei Treffen statt, welche jeweils einen halben Tag in Anspruch nehmen. In der Regel kommen anlässlich dieser Treffen sechs bis zwölf Frauen zusammen. In so genannten „Spiel- und Kommunikationsregeln" ist festgehalten, dass die Teilnehmerinnen für das Gelingen der Laufbahnarbeit mitverantwortlich sind. Die Leitung übernimmt ihrerseits Verantwortung für Vorgehensweise, Zeitstruktur, Sozialform und Methode. Darüber hinaus unterstützt sie die Teilnehmerinnen bei der Erarbeitung der behandelten Themen.

Ablauf: Der erste Halbtag beginnt mit einer Vorstellungsrunde, welche den Teilnehmerinnen ihre unterschiedlichen beruflichen Erfahrungen vor Augen führen soll. Das Wissen um diese Erfahrungen bietet eine Basis für den gegenseitigen Austausch. Anschliessend klärt die Leiterin die Erwartungen der Teilnehmerinnen der Laufbahngruppe mit Fragen wie „Was motiviert euch, an der Laufbahngruppe teilzunehmen?" oder „Was möchtet ihr am Ende erreicht haben?". In den daran anschliessenden zwei Halbtagen wird die Leitung dann jeweils auf die vorangehende Einheit mit Fragen wie „Was ist dir vom letzten Halbtag hängen geblieben?" oder „Was konntest du für dich aus dem letzten Halbtag mitnehmen?" Bezug nehmen. Darüber hinaus macht die Leiterin vereinzelt auch auf Aus- und Weiterbildungsangebote aufmerksam, welche in Zusammenhang mit den behandelten Themen der Halbtage stehen.

Im Anschluss an die Vorstellungsrunde führt die Leiterin die Teilnehmerinnen in das Modell der kollegialen Beratung ein, in dessen Rahmen sich die Teilnehmerinnen innerhalb der Laufbahngruppe selbst beraten werden. Diese Einführung benötigt verhältnismässig wenig Zeit, da es sich bei der kollegialen Beratung um ein relativ einfach zu erlernendes Verfahren handelt. Das Adjektiv „kollegial" verweist dabei auf die Kollegialität respektive die Gleichrangigkeit der Teilnehmerinnen mit ihren unterschiedlichen Berufs- und Lebenserfahrungen. Die Teilnehmerinnen bearbeiten hierbei gemeinsam konkrete Frage- respektive Problemstellungen einzelner Teilnehmerinnen mit dem Ziel, gezielte und praktikable Lösungen oder zumindest Lösungsansätze für das vorgebrachte Anliegen zu entwickeln. Zu diesem Zweck wird vorab ein gründliches Durchdenken des Themas anvisiert, welches die themengebende Person bei ihrer Entscheidung bezüglich ihrer beruflichen Entwicklung unterstützen soll. Somit lassen sich in diesen Beratungsprozessen also die Phasen der Klärung, der Analyse und der Lösung der vorgebrachten Themen voneinander unterscheiden. Diese drei Phasen der kollegialen Beratung werden für alle gut sichtbar auf ein Flipchart aufgeschrieben und die Leiterin wacht über deren sorgfältige Abarbeitung. Für einen geordneten Ablauf sind neben der Rolle der Leiterin zudem noch die Rollen der Themengeberin sowie der Beraterinnen unabdingbar. Je nach Bedarf können auch noch weitere Rollen wie beispielsweise Protokollführerinnen oder Beobachterinnen verteilt werden.

Zu Beginn des Beratungsprozesses werden jene Themen der Teilnehmerinnen gesammelt, welche diese im Rahmen der Laufbahngruppe bearbeiten möchten. Anschliessend werden gemeinsam zwei bis drei Themen ausgewählt, welche an diesem ersten Halbtag bearbeitet werden sollen. Die Themengeberinnen stellen ihre Anliegen der Gruppe vor, von der sie sich eine Empfehlung für eine Entscheidung zu ihren beruflichen Problem- und Fragestellungen erwarten. Von zentraler Bedeutung ist dabei die Formulierung einer Schlüsselfrage, welche den Kern des Anliegens in eine möglichst prägnante Frage fasst: „Was soll ich tun, um Situation XY zu verändern?". Die Beraterinnen stellen nun ihrerseits Klärungs- und Verständnisfragen um sicherzustellen, dass sie über alle nötigen Informationen verfügen und das Anliegen verstanden haben. Nachdem diese Fragen geklärt sind, wird das Anliegen von den Teilnehmerinnen analytisch zu durchdringen versucht und Hypothesen zur gegenwärtigen Situation gebildet.

Die Themengeberin hält sich während der Analyse ihres Anliegens zurück und gibt erst nach dessen Abschluss darüber Auskunft, welche neuen Erkenntnisse sie über ihr Anliegen gewonnen hat. Anschliessend tragen die Teilnehmerinnen Vorschläge zusammen, wie sie das Anliegen auf dem Hintergrund ihrer je eigenen Berufs- und Lebenserfahrungen angehen würden. In einem ersten Schritt werden diese teilweise sehr kreativen und ausgefallenen Vorschläge nicht bewertet, sondern ausschliesslich weiterentwickelt. In einem zweiten Schritt nimmt die Themengeberin zu den Vorschlägen Stellung und gibt der Gruppe bekannt, welche Vorschläge sie umsetzen möchte. Aufgrund deren Erfahrungswissens berät die Gruppe nun die Themengeberin dabei, was sie bei der Umsetzung des ausgewählten Vorschlages besonders beachten muss und mit welchen Entwicklungen zu rechnen sein könnten. Zum Schluss des Halbtages evaluiert die Leiterin den Verlauf mittels eines Blitzlichtes (vgl. Methodenbeispiel „Blitzlicht"), welches eine Momentaufnahme des Lehr-Lernprozesses darstellt, die über den kognitiven Leistungsstand und die emotionale Befindlichkeit der Teilnehmerinnen Auskunft geben soll: „Was ist uns klar geworden? Was bleibt noch unklar?" und „Wie geht es mir im Moment? Wie habe ich den Verlauf erlebt?".

Erfahrungen

Gelingensbedingungen: Die Zuweisung des Expertinnenstatus durch die Leiterin zu Beginn der kollegialen Beratung führt dazu, dass sich die Teilnehmerinnen selbst als Expertinnen ihrer Lebensumstände begreifen können und sich an der Gruppe statt an der Leiterin orientieren. Die ergänzende Klärung bezüglich der übernommenen Rolle als Moderatorin führt vollends zu einer Verschiebung der Aufmerksamkeit – also weg von der Leiterin und hin zu den Teilnehmerinnen. Die Übernahme dieser Rolle durch die Leiterin entlastet die Teilnehmerinnen, da die Leiterin auch über die Einhaltung der Zeit und der Regeln wacht. Für die verbesserte Orientierung der Teilnehmerinnen hat es sich hierbei bewährt, wenn die Leiterin den Ablauf des kollegialen Beratungsprozesses für alle gut sichtbar auf einem Flipchart festhält. Die geordnete Abarbeitung der Themen im Hinblick auf Beschreibung, Analyse und Lösung bewährt sich insbesondere auch deswegen, weil dadurch das kreative Potential der Teilnehmerinnen erschlossen und genutzt werden kann. Die anschliessende Auslese der kreativen Lösungen im Hinblick auf deren praktischen Umsetzbarkeit wird durch die Berufs- und Lebenserfahrung der Teilnehmerinnen begünstigt.

Misslingensbedingungen: Die Erwartungsklärung zu Beginn hat sich deswegen als besonders wichtig erwiesen, weil einige Teilnehmende zu Beginn davon ausgehen, dass ihnen ohne ihr besonderes Zutun fertige Lösungen für ihre Anliegen präsentiert werden. Entsprechend unzufrieden sind diese Teilnehmerinnen dann mit dem Verlauf, in welchem der langwierige Prozess der Beschreibung, Analyse und Lösung gemeinsam durchschritten wird. Sehen sich diese Teilnehmerinnen in ihren enttäuschten Erwartungen zudem von den anderen Teilnehmerinnen isoliert, ist es wahrscheinlich, dass sie sich nur halbherzig und ineffektiv an der kollegialen Beratung beteiligen, wodurch nicht nur sie selbst sondern auch die Laufbahngruppe Schaden nimmt.

Um die vorgeschlagenen Lösungen anzunehmen, muss auf der Seite der Themengeberin Offenheit und Veränderungsbereitschaft vorausgesetzt werden. Insbesondere bei einer stabil negativen Selbstsicht und einem tiefen Selbstwertgefühl einer Teilnehmerin steht zu befürchten, dass sie sich die Umsetzung der vorgeschlagenen Lösungen nicht zutraut.

Nutzen: Durch die kollegiale Beratung können zukünftige Entwicklungs- und Veränderungsmöglichkeiten der daran beteiligten Teilnehmerinnen in den Vordergrund gerückt werden. Im Gegensatz zur Beratung durch professionelle Berufs- und Laufbahnberatende wirkt die Beratung durch Gleichgestellte einer professionellen Bemächtigung durch Dritte entgegen und macht die kollektiven Berufs- und Lebenserfahrungen der Teilnehmerinnen nutzbar. Bei Menschen in herausfordernden Lebenssituationen kann die Teilnahme an einem solchen Bildungsangebot darüber hinaus eine Isolation von sozialen Bezügen verhindern helfen, indem versucht wird, ein Klima der gegenseitigen Unterstützung zu etablieren. Die emotionale Erfahrung der Anteilnahme anderer an den eigenen Schwierigkeiten und die gemeinsamen Bemühungen um eine Veränderung der Situation bedeutet für viele Teilnehmenden eine Entlastung und erweitert deren Handlungsmöglichkeiten.

3.7 Praxisbeispiel „Training für Insassen und Austretende von Strafanstalten"

Ein zentrales Ziel des Strafvollzugs besteht in der Resozialisation der Strafgefangenen respektive der Sozialisation der Strafgefangenen, wenn davon ausgegangen werden muss, dass die gesellschaftlichen Normen vielen inhaftierten Personen erst einmal vermittelt werden müssen. Die Strafgefangenen werden hierbei allerdings nicht als passive Rezipienten der professionellen Vermittlungsbemühungen verstanden, sondern müssen sich neues Wissen und Fähigkeiten aktiv erarbeiten.

Die Bemühungen um eine Resozialisation respektive Sozialisation von Strafgefangenen machen deutlich, dass mit Bildungsarbeit im Strafvollzug nicht nur schulische und berufliche Bildungsmassnahmen gemeint sein können, sondern vielmehr auch an die Förderung von Selbst- und Sozialkompetenzen zu denken ist. Laubenthal (2008, S. 243) weist darauf hin, dass ebendiese unterschiedlich ausgerichtete Bildungsarbeit idealerweise ineinander verschränkt ist: „Denn es geht häufig nicht nur um die Behebung von Schwächen und Mängel in diesen Bereichen [gemeint ist die berufliche und schulische Bildung], sondern zugleich auch um eine Unterstützung der Bildungsmassnahmen mittels sozialen Trainings zur Erlangung sozialer Kompetenz, damit die Förderungsbemühungen nicht an fehlendem Durchhaltevermögen, geringer Einsatzbereitschaft oder Belastbarkeit scheitern. Bildungsmassnahmen müssen deshalb Teil eines umfassenden individuellen Behandlungskonzeptes sein." Solche Bildungsmassnahmen scheinen indessen besonders aussichtsreich zu sein, wie das Bundesamt für Justiz (2006) in einer eigenen Studie zum Schluss kommt.

Insbesondere beim Übergang zur bedingten Entlassung respektive zum offenen Vollzug stehen die betroffenen Personen vor grossen Herausforderungen. Diese Phase ist im Hinblick auf die erfolgreiche Meisterung des Alltags für viele entscheidend. Schwind, Böhm und Jehle (2005, S. 258) bemerken treffend: „Die Entlassungsvorbereitung ist eine der entscheidenden Phasen des Vollzuges, weil sie dem Gefangenen die Möglichkeit gibt, Selbstständigkeit, Eigenverantwortlichkeit und Aktivität zurückzuerlangen, soziales Verhalten einzuüben und den richtigen Umgang mit der Freiheit zu erlernen." Die Soziale Arbeit kann bei dieser entscheidenden Phase einen wichtigen Beitrag leisten, indem sie die von Entlassung betroffenen Personen mit entsprechenden Bildungsangeboten unterstützt. Allerdings muss die Soziale Arbeit im Strafvollzug die aussenorientierten Aufgaben der Kooperation, der Koordination und der Vernetzung wahrnehmen, wenn sie in diesem Aufgabenbereich Wirkung entfalten will (Maelicke, 1999, S. 411).

Angebot und Ziele

Das „Training für Insassen und Austretende von Strafanstalten" (TRIAS) ist ein Angebot der Abteilung Lernprogramme und Strafmediation der Bewährungs- und Vollzugsdienste des Kantons Zürich (www.bvd-justizvollzug.zh.ch). Das Bildungsangebot richtet sich an männliche Strafgefangene, die sich im Übergang zur bedingten Entlassung oder zum offenen Vollzug befinden. Inhaltlich orientiert sich das Angebot an jenen Learning Outcomes, welche den Teilnehmern die soziale Integration erleichtern sollen: In einer ersten Phase setzten sich die Teilnehmer mit ihren Problem- und Konfliktlösestrategien auseinander, um zukünftig alltägliche Herausforderungen konstruktiv bewältigen zu können. Hierzu transferieren sie die neu hinzugewonnen Erkenntnisse auf Übungsgelegenheiten in ihrem Gefängnisalltag, um das Erlernte zu festigen und zu vertiefen. In einer zweiten Phase lernen die Teilnehmer, sich erfolgreich für eine Stelle zu bewerben, um ihre Chancen auf dem Arbeitsmarkt zu verbessern (Bundesamt für Justiz, 2006, S. 70ff.).

Das Ziel des Bildungsangebotes besteht darin, die Teilnehmer zu befähigen, die herausfordernden Situationen im Zusammenhang mit ihrem Neueintritt in die Gesellschaft so weit wie möglich selbstständig bewältigen zu können. Über die neu erworbenen Fähigkeiten sollen kriminelle Rückfälle möglichst verhindert und eine gelingende soziale Integration erleichtert werden.

Zielgruppe

Ausgangslage: Die Teilnehmer befinden sich entweder im offenen oder geschlossenen Strafvollzug und besuchen das Angebot freiwillig. Auffallend sind die geringe Sensitivität der Teilnehmer im Bereich der Selbstwahrnehmung, was sich beispielsweise darin äussert, dass körperliche Signale wie die Anspannung der Muskulatur als Zeichen der Erregung nicht wahrgenommen und benannt werden können. In herausfordernden Alltagssituationen steigt in der Folge die Wahrscheinlichkeit für ein impulsiv-aggressives Verhalten ohne Abschätzung der Konsequenzen des eigenen Handelns. Darüber hinaus fehlt es den Teilnehmern oft auch an kommunikativen Möglichkeiten, um in Konfliktsituationen auf dem Verhandlungsweg die Konflikte angehen zu können.

Typische Merkmale: Bei den Teilnehmern handelt es sich ausschliesslich um Männer, im Alter zwischen 20 und 70 Jahren. Circa 40 Prozent haben einen Migrationhintergrund. Vielfach bestehen psychopathologische Auffälligkeiten, wobei diagnostizierte Persönlichkeitsstörungen einen Hinderungsgrund zur Aufnahme ins Bildungsangebot darstellen können.

Ressourcen/Entwicklungspotenziale: Die Teilnehmer zeichnen sich durch ihre Bereitschaft aus, freiwillig am Bildungsangebot teilzunehmen. Die zur angeleiteten Auseinandersetzung mit alltäglichen Konflikten nötige Motivation und kognitive Leistungsfähigkeit zwecks Entwicklung von Problemlösefähigkeiten ist vorhanden. Transfermöglichkeiten für die Lerninhalte in den Alltag der Teilnehmer sind gegeben. Entwicklungspotenzial besteht im Hinblick auf die kommunikativen Fähigkeiten zur Meisterung von Konfliktsituationen und die Verbesserung der Selbstwahrnehmung.

Methodisch-didaktisches Vorgehen

Setting: Im Rahmen eines Aufnahmeverfahrens werden die kognitive, sprachliche und physische Eignung, die Motivation und der Lernbedarf der Teilnehmer eingeschätzt (vgl. Methodenbeispiel „Eignungsabschätzung"). Bei positiver Eignungsbeurteilung können ungefähr acht Teilnehmer in das Bildungsangebot aufgenommen werden. Das Angebot ist in vierzehn Trainingsmodule unterteilt, welche in sechs bis zehn jeweils zweieinhalb bis drei Stunden dauernden Bildungsanlässen durchgearbeitet werden. Die Regeln des Bildungsangebotes wie beispielsweise Kommunikationsregeln können durch die Teilnehmer nicht selbst bestimmt werden, sondern sind durch die Leitung vorgegeben. Nach der freiwilligen Einwilligung in die Teilnahme wird Präsenz vorausgesetzt. Bei unbegründeten Absenzen können seitens der Anstalt Sanktionen ausgesprochen werden. Die folgenden Lernformen finden Verwendung: Wissensvermittlung, Gruppendiskussionen, Einzelarbeiten, Arbeiten in Kleingruppen und praktische Übungen. Die Teilnehmer müssen nicht urlaubsberechtigt sein, da der Bildungsanlass in der jeweiligen Anstalt durchgeführt wird.

Ablauf: Die einzelnen Bildungsanlässe des Trainings für Insassen und Austretende von Strafanstalten sind jeweils ähnlich aufgebaut: Nach der Begrüssung der Teilnehmer führt der Leiter ins jeweilige Tagesthema ein und erfragt von den Teilnehmern mögliche Unterthemen. Von diesen Themen ausgehend, bringen die Teilnehmer in der ersten Phase des Bildungsangebotes eigene Anliegen aus ihrem Alltag ein und diskutieren diese untereinander. In den Diskussionen wird besonderes Gewicht auf die Schwierigkeiten des unreflektierten, automatisierten Handelns gelegt und mit Fragen veranschaulicht wie beispielsweise: „Wann habe ich das letzte Mal meinen Autopiloten eingeschaltet? Was ist dann passiert?".

Die Bearbeitung der Anliegen der Teilnehmer geschieht mittels der relativ einfach zu erlernenden Problemlösemethode INSEL. Die Teilnehmer lernen hier, gemeinsame Lösungen für eigene Problemstellungen in fünf Schritten zu entwickeln, wobei das Akronym „INSEL" die fünf Verben „Innehalten, Nachdenken, Sammeln, Entscheiden und Lösen" umfasst. Bei der Problembearbeitung mittels dieser Methode soll also zuerst innegehalten und über das Problem nachgedacht werden. Anschliessend werden unterschiedliche Lösungsmöglichkeiten gesammelt, um eine Entscheidung betreffend der bestmöglichen Lösung fällen und umsetzen zu können. Die vorgeschlagenen Lösungen können vor ihrer Umsetzung im Praxisalltag optional auch in Rollenspielen unter den Teilnehmern geübt werden. Darüber hinaus werden den Teilnehmern auch Hausaufgaben aufgegeben, welche den Transfer in den Alltag verbessern helfen sollen.

In der zweiten Phase des Trainings für Insassen und Austretende von Strafanstalten werden Anforderungen im Vorstellungsgespräch thematisiert. Hier werden Fragen aufgegriffen wie beispielsweise „Was sage ich zu meinen Stärken und Schwächen?" oder „Wie stelle ich Lücken im Lebenslauf positiv dar?". Die Teilnehmer erarbeiten gemeinsam Handlungsmöglichkeiten zur Bewältigung von Vorstellungsgesprächen und erproben diese in praktischen Übungen. Darüber hinaus setzen sich die Teilnehmer auch mit den Merkmalen guter Kommunikation auseinander und erwerben Wissen zu Stilen, Regeln und Fehlern der Kommunikation.

Zum Schluss des Bildungsanlasses fasst der Leiter jeweils die behandelten Lerninhalte zusammen und vergibt die Hausaufgaben wie beispielsweise eine Selbstbeobachtungsaufgabe. Die Ergebnisse der zwischenzeitlich bearbeiteten Hausaufgaben werden dann beim nächsten Treffen zusammengetragen. Didaktische Materialien wie beispielsweise Übungsblätter sind in einem Kursheft abgelegt, welches den Teilnehmern ausgehändigt wird.

Erfahrungen

Gelingensbedingungen: Für die Insassen und Austretende von Strafanstalten ist ein solches Bildungsangebot insbesondere auch deswegen eine Herausforderung, weil das von Ihnen verlangte Reflektieren von Gedanken und Gefühlen für viele eher ungewohnt ist. Aus diesem Grund hat es sich vor allem zu Beginn der einzelnen Treffen bewährt, in einer Aufwärmphase unverfängliche Alltagsgegebenheiten wie beispielsweise das Fussballtraining der Anstalt aufzugreifen und zu diskutieren. Idealerweise handelt es sich dabei um Themen, welche eine Überleitung zum Bildungsinhalt erlauben wie beispielsweise die Frage „Inwiefern hat sich dein Körper im Fussballtraining anders angefühlt als im Moment?" und welche den Einbezug aller Teilnehmer ermöglichen wie beispielsweise die Frage „Habt ihr das auch so erlebt? Habt ihr das anders erlebt?". Die sorgfältige Einführung der Problemlösemethode INSEL ermöglicht die erfolgreiche Bearbeitung der eingebrachten Themen. Die Erfahrung, in herausfordernden Alltagssituationen die Kontrolle behalten zu können und nicht einfach zu agieren, erleben die Teilnehmer als befriedigend. Um Überforderungen zu vermeiden und Erfolgserlebnisse zu ermöglichen, sollen die Teilnehmer anfangs möglichst einfache Alltagssituationen zur Bearbeitung auswählen und deren Schwierigkeitsgrad im Verlauf sukzessive steigern. Besonderes Augenmerk soll dabei auf die Verbalisierung von begleitenden Gefühlen und Gedanken gelegt werden, da hier ein grosses Entwicklungspotential seitens der Teilnehmer besteht.

Misslingensbedingungen: Der Anspruch, den Teilnehmern viele Informationen vermitteln zu wollen, kann relativ schnell zu deren Überforderung führen. Negative Erfahrungen wurden insbesondere im Rahmen der Einführungsveranstaltung gemacht, in welcher die Teilnehmer aufgrund der neuartigen Situation, den vielen Informationen und den anderen Teilnehmern relativ leicht ablenkbar waren.

Nutzen: Das Bildungsangebot bietet den Teilnehmern die Möglichkeit, gemeinsame Lösungsansätze für herausfordernde Alltagssituationen zu entwickeln, zu erproben und in den Alltag zu transferieren. Die vermittelte Methode zur Bearbeitung solcher Alltagssituationen erweitert die Handlungsmöglichkeiten der Teilnehmer und die ergänzenden Selbstbeobachtungsübungen verbessern deren Selbstwahrnehmung. Insbesondere die verbesserte Wahrnehmung physischer oder psychischer Warnsignale erhöht die Wahrscheinlichkeit der erfolgreichen Vermeidung risikoreicher Verhaltensweisen. Darüber hinaus begünstigt die Erweiterung des kommunikativen Handlungsrepertoires die Entwicklung von Konfliktlösekompetenz.

3.8 Praxisbeispiel „Careplay"

Glücksspiele stellen eine Form von zufallsabhängigen Spielen dar, bei welchen sowohl der potenzielle Gewinn als auch der zu tätige Einsatz ein Vermögenswert darstellt (Meyer & Bachmann, 2005, S. 27). Neben den typischerweise mit Glücksspielen assoziierten Spielangeboten in Spielbanken und Spielhallen sind auch noch Sport- und Pferdewetten, Lotterien, Internetspiele und Börsenspekulationen als weitere Spielformen zu erwähnen. Die Attraktion von Glücksspielen liegt in der Regel im Spiel selbst begründet. Allerdings zeigen empirische Untersuchungen, dass je nach Spielart unterschiedliche Motive im Vordergrund stehen. So konnten beispielsweise Beckert und Lutter (2007, S. 266 zit. nach Reichertz, Niederbacher, Möll, Gothe & Hitzler, 2010, S. 190) nachweisen, dass das Motiv zur Teilnahme an Lotterien in der Lizenz zum Träumen von einer beglückenden Zukunft besteht: „Das von Lotteriespielern eigentlich gekaufte Gut wäre dann eine ‚Baugenehmigung für Luftschlösser'. Solche Traumwelten ermöglichen die imaginäre Teilhabe an Status erhöhenden materiellen Gütern in Form einer ‚Parapartizipation' an gesellschaftlichem Reichtum".

Glücksspiele stossen auf gesellschaftliche Akzeptanz, da das mit dem Glücksspiel verknüpfte Risikoverhalten im Umgang mit Geld als Motor für wirtschaftlichen Fortschritt und Erfolg einen hohen Stellenwert besitzt (Meyer & Bachmann, 2005, S. 78). Ein gewohnheitsmässiges Spielen kann sich allerdings zu einer extremen Form des Spielens entwickeln, welches als „Spielsucht" bezeichnet wird (Müller-Spahn & Margraf, 2002, S. 13). Hier können die Betroffenen bei schweren Verlusten oder anderen negativen Konsequenzen ihre Gewohnheiten nicht einschränken, was noch gravierendere psychosoziale Folgen nach sich zieht. Die gesellschaftlichen Reaktionen auf solche Spielerinnen und Spieler sind unterschiedlich und mit „Ablehnung" nur unzureichend beschrieben. Vielmehr sehen sich die Betroffenen mit mehrdeutigen Bewertungen konfrontiert, welche mit Meyer und Bachmann (2005, S. 78) lakonisch als „Mischung aus Faszination und Erschrecken" gefasst werden können. Die Gewohnheitsspielerinnen und Gewohnheitsspieler selbst grenzen sich in einer emotional aufgeladenen Grenzarbeit klar von den pathologischen Spielerinnen und Spielern ab, welche sich insbesondere durch den Kontrollverlust auszeichnen, was sich in unterschiedlichen Reaktion wie „schreien, fluchen, gegen die Scheibe des bespielten Automaten schlagen oder sie gar zerschlagen, sich vergessen, wütend werden, andere beschuldigen, laut werden" äussern kann (Reichertz, Niederbacher, Möll, Gothe & Hitzler, 2010, S. 209). Von anderen Spielerinnen und Spielern können gefährdete Personen aufgrund ihrer Eigenheiten bezüglich Besuchsfrequenz und Besuchsdauer, Art der Geldbeschaffung, Einsatzverhalten, Sozialverhalten, Spielverhalten beziehungsweise Reaktionen beim Spiel und die äussere Haltung erkannt werden (Schneider & Häfeli, 2004, S. 20).

Angebot und Ziele

Zum Schutz gefährdeter Personen verpflichtet der Bund im Rahmen der Spielbankenverordnung die Spielbanken zur Erstellung und Umsetzung eines Sozialkonzeptes (VSBG, Art. 37), welches Massnahmen zur Prävention von Spielsucht, Früherkennung von spielsuchtgefährdeten Spielerinnen und Spielern, Ausbildung und regelmässige Weiterbildung des mit dem Vollzug des Sozialkonzepts betrauten Personals, Erhebung von Daten betreffend Spielsucht sowie Spielsperren enthalten muss. Zur Umsetzung dieses Sozialkonzeptes muss die Spielbank mit einer Suchtpräventionsstelle oder einer Therapieeinrichtung zusammen arbeiten. Sie kann sich dazu mit anderen Spielbanken zusammenschliessen.

Das Swiss Institute for Responsible Gambling (www.careplay.ch) der Hochschule Luzern – Soziale Arbeit entwickelt und setzt das Sozialkonzept im Auftrag der drei Grand Casinos Bern, Baden und Luzern um. Im hier aufgeführten Praxisbeispiel wird das Element der Mitarbeitendenschulung genauer beschrieben, welches die Verbesserung von Prävention, Früherkennung und Frühintervention der Spielsucht zum Ziel hat. Die Mitarbeitenden werden insbesondere daraufhin geschult, spielsuchtgefährdete Menschen erkennen und ansprechen zu können. Darüber hinaus sollen sie nötigenfalls auch Massnahmen einleiten können.

Zielgruppe

Ausgangslage: Die Mitarbeitenden der Grand Casinos Bern, Baden und Luzern erhalten im Rahmen der Spielbankverordnung (VSBG, Art. 39) eine Ausbildung, welche sie auf die frühzeitige Erkennung spielsuchtgefährdeter Spielerinnen und Spieler sowie die notwendigen Interventionen vorbereitet. Nach dem Absolvieren der Grundausbildung müssen jährliche Weiterbildungskurse absolviert werden. Die Beobachtungen und getroffenen Massnahmen werden dokumentiert.

Typische Merkmale: Bei den Teilnehmenden handelt es sich um Mitarbeitende der Grand Casinos Bern, Baden und Luzern, welche in unterschiedlichen Funktionen tätig sind und den Grundkurs obligatorisch absolvieren müssen. Kadermitarbeitende wie Shift-Manager und Cash-Desk-Manager verpflichten sich zusätzlich zum jährlichen Besuch eines Refreshers. Ebenfalls verpflichtend ist der jährlich Besuch des Refreshers für die Sozialkonzept-Verantwortliche.

Ressourcen/Entwicklungspotenziale: Das Personal der Grand Casinos kennt in der Regel ihre Kundschaft und kann zwischen Gelegenheitsspielenden und Gewohnheitsspielenden unterscheiden. Das Erkennen von pathologischen Spielerinnen und Spielern respektive das allmähliche Hinübergleiten in ein pathologisches Spielverhalten ist allerdings nicht immer ganz einfach. Darüber hinaus besteht seitens des Personals auch Entwicklungspotential im Hinblick auf den richtigen Umgang mit gefährdeten Spielerinnen und Spielern.

Methodisch-didaktisches Vorgehen

Setting: Die Teilnahme am Bildungsangebot ist aufgrund der Spielbankverordnung des Bundes für alle Mitarbeitenden des Grand Casinos verpflichtend. Spätestens drei Monate nach Arbeitsbeginn müssen neue Mitarbeitende einen Teil der Grundausbildung absolviert haben. Der Grundkurs wird teilweise von casinointernen Mitarbeitenden verantwortet, welche darüber hinaus auch die casinointernen Refresher sowie ein optionales Team-Coaching für die Mitarbeitenden durchführen. Alle weiteren Teile der Grundausbildung sowie die casinoübergreifenden Refresher werden von speziell geschulten Erwachsenenbildnerinnen und Erwachsenenbildner mit einer fachlichen Qualifikation im Suchtbereich abgehalten. Die Kurse werden jeweils von zwölf bis zwanzig Mitarbeitenden der drei Grand Casinos Bern, Baden und Luzern besucht. Die Schulungskosten werden von den Grand Casinos übernommen.

Ablauf: Die Grundausbildung beinhaltet drei Stufen: Auf der ersten Stufe werden alle neuen Mitarbeitenden casinointern über das Sozialkonzept informiert. Die Mitarbeitenden erhalten diese Informationen vorwiegend über Referate vermittelt. Im Rahmen dieser Referate werden auch Formulare und Meldezettel erläutert. Auf der zweiten Stufe besuchen alle Mitarbeitende mit direktem Kundenkontakt einen zweitägigen Kurs, welcher das Thema Glücksspiel und Glücksspielsucht behandelt. Neben Impulsreferaten erarbeiten sich die Teilnehmenden mittels Diskussionen und Gruppenarbeiten das nötige Wissen. Zusätzlich finden auch kreative Elemente wie beispielsweise das Nachstellen von Praxissituationen mittels Forumtheater Verwendung. Auf der dritten Stufe nehmen Kadermitarbeitende mit Verantwortung für das Sozialkonzept an einem viertägigen Kommunikationskurs teil, in welchem sie zusätzliche Kompetenzen in der Gesprächsführung mit spielsuchtgefährdeten Kundinnen und Kunden erwerben. Hierbei liegt der Schwerpunkt auf der Anwendung der vermittelten Inhalte zum Thema

Kommunikation. Es kommen videogestützte Trainings zum Einsatz, in welchen Rollenspielsituationen auf Video aufgezeichnet und anschliessend in der Gruppe besprochen werden. Zur Unterstützung des Praxistransfers finden zusätzlich moderierte Gruppengespräche und Fallbesprechungen statt. Abschliessend werden die Kurse jeweils mittels einer Fragebogenbefragung evaluiert (vgl. Methodenbeispiel „Evaluation").

Nach einem Jahr besuchen jene Mitarbeitende, welche bereits den Grundkurs auf der ersten und zweiten Stufe besucht haben, während eines halben Tages einen casinointernen Refresher zur Auffrischung des Gelernten. Optional haben die Grand Casinos zudem die Möglichkeit, mit den Mitarbeitenden regelmässige Teamcoachings zu konkreten Praxisfragen durchzuführen. Mitarbeitende in Führungspositionen und Mitarbeitende mit besonderen Verantwortlichkeiten nehmen alljährlich an einem casinoübergreifenden Kurstag teil, in welchem Erfahrungen ausgetauscht, anspruchsvolle Fälle besprochen, Anregungen zu Optimierungsmöglichkeiten entwickelt sowie schwierige Gesprächssituationen geübt werden.

Erfahrungen

Gelingensbedingungen: Die Kombination von casinospezifischen und casinoübergreifenden Kursen ermöglicht den Teilnehmenden die Erschliessung des gemeinsam geteilten Erfahrungswissens. Der gemeinsame Austausch führt über informelle Lernprozesse zu einer Reduktion der Unsicherheit im Umgang mit spielsuchtgefährdeten Kundinnen und Kunden.

Vor allem die Erkennung von spielsuchtgefährdeten Kundinnen und Kunden stellt für die Mitarbeitenden der Casinos eine Herausforderung dar. Als Erkennungshilfe hat sich die Arbeit mit einem standardisierten Fragebogen bewährt, bei welchem Fragen zu Besuchsfrequenz und Besuchsdauer, Art der Geldbeschaffung, Einsatzverhalten, Sozialverhalten, Spielverhalten beziehungsweise Reaktionen beim Spiel und die äussere Haltung beantwortet werden müssen. Der Einsatz eines solchen Fragebogens wirkt für die Mitarbeitenden entlastend, da sie aufgrund dieser Kriterien zu einer qualifizierten ersten Einschätzung des jeweiligen Spielers respektive der jeweiligen Spielerin gelangen können.

Misslingensbedingungen: Die obligatorische Teilnahme am Bildungsangebot hat sich insbesondere in dessen Einführungsphase eher als nachteilig erwiesen. Der Zwang führt bei einigen Teilnehmenden zu einem Motivationsverlust, was sich nicht nur auf den Lernprozess dieser wenig motivierten Teilnehmenden als auch auf den Lernprozess der motivierten Teilnehmenden negativ auswirkt. Aufgrund der bisherigen Erfahrungen hat sich gezeigt, dass die Motivation der Teilnehmenden ein zentraler Erfolgsfaktor für die erfolgreiche Einführung und Umsetzung des Sozialkonzeptes darstellt.

Von entscheidender Bedeutung ist auch die Akzeptanz, welche das Sozialkonzept innerhalb der Casinos bei den Mitarbeitenden aller Stufen geniesst respektive nicht geniesst. Die Akzeptanz kann insbesondere durch die für das Sozialkonzept Verantwortlichen wesentlich beeinflusst werden. Es müssen sich dabei allerdings um einflussreiche Personen mit entsprechender Überzeugungskraft innerhalb des Casinos handeln, welche auch über das nötige Know-How verfügen, um von den Mitarbeitenden des Casinos als für diese Aufgabe kompetent wahrgenommen zu werden.

Nutzen: Aus den regelmässig stattfindenden Befragungen der Mitarbeitenden der Grand Casinos geht hervor, dass die Teilnehmenden den Wissenszuwachs und die Praxisrelevanz des Bildungsangebotes als hoch bewerten. Gemäss deren Rückmeldungen erhöht sich durch die Teilnahme das Verständnis und die Akzeptanz gegenüber dem Sozialkonzept. Das Wissen über die Spielsucht und den Umgang mit spielsuchtgefährdeten Kundinnen und Kunden vergrössert sich. Durch den Erfahrungsaustausch und die Übungen in Gruppen werden zudem die Handlungsmöglichkeiten erweitert. Darüber hinaus können die Mitarbeitenden der Grand Casinos so auch Kontakte zu Kolleginnen und Kollegen anderer Grand Casinos knüpfen, welche sie im Bedarfsfall zwecks informeller Unterstützung aktivieren können. Diese Kontakte tragen auch dazu bei, das Zusammengehörigkeitsgefühl der Mitarbeitenden zu erhöhen und so das Gefühl zu stärken, mit dem Sozialkonzept gemeinsam eine wichtige Aufgabe anzugehen.

4 Methoden

Zwecks Inspiration zur Entwicklung eigener Bildungsangebote sind im Folgenden einige Methoden aus den aufgeführten Beispielen genauer beschrieben. Es können und sollen an dieser Stelle allerdings nicht sämtliche Methoden aufgeführt werden, da dies einerseits den Rahmen dieses Buches sprengen würde und andererseits bereits hervorragende Methodensammlungen wie beispielsweise jene von Weidenmann (2008) oder Siebert (2008) vorliegen. Die folgenden Methoden sind genauer beschrieben:

Die *Eignungsabschätzung* aus dem Praxisbeispiel „Zürcher Lernprogramm TRIAS I – Training für Insassen und Austretende von Strafanstalten": In Vorgesprächen soll die Eignung von potentiellen Teilnehmerinnen und Teilnehmern eingeschätzt werden. Es kann sowohl die Passung von Person zum Angebot also auch die Passung von Angebot zur Person geprüft werden. Ausschlussgründe für potentielle Teilnehmerinnen und Teilnehmer können beispielsweise in unausreichenden kognitiven, sprachlichen und psychischen Ressourcen begründet liegen.

Der *Barometer* aus dem Praxisbeispiel „SuchTrunden Cannabis": Mittels des Barometers lassen sich bewegte Einschätzungen und Vergleiche vornehmen. Die Teilnehmerinnen und Teilnehmer werden hierzu aufgefordert, sich zu einer gestellten Frage im Raum zwischen zwei Polen aufzustellen. Die anschliessende Positionierung im Raum bietet einen Überblick zur gestellten Frage.

Die *Symbolkarten* aus dem Praxisbeispiel „Begleitete Pflegeelternabende": Die Arbeit mit Symbolen ist vor allem bei emotional besetzten Themen hilfreich. Eigene Gefühle können mit geeigneten Symbolen oft besser als mit Worten ausgedrückt werden. Insbesondere auch bei Menschen, welche aufgrund ihres Bildungs- oder Migrationshintergrundes nicht über die sprachlichen Mittel verfügen, um eigenen Gefühlszuständen in befriedigendem Mass Ausdruck zu verleihen, eignet sich der Einsatz von Symbolkarten.

Die *Rekonstruktion* aus dem Praxisbeispiel „Informations- und Trainingsprogramm FiaZ": Die Rekonstruktion einer Situation wird mit dem Ziel durchgeführt, ein in dieser Situation erfolgtes, problematisches Verhalten zukünftig vermeiden respektive ein günstiges Verhalten verstärkt zeigen zu können. Es ist davon auszugehen, dass die Bewusstwerdung des gezeigten Verhaltens die Chancen für dessen Vermeidung respektive die Wiederholung des Verhaltens erhöht.

Das *Blitzlicht* aus dem Praxisbeispiel „Laufbahngruppe für Frauen": Ein Blitzlicht stellt eine möglichst kurze Rückmeldung auf eine von der Leitung gestellte Frage dar. Üblicherweise wird das Blitzlicht in einem Stuhlkreis und zum Schluss einer Bildungsveranstaltung durchgeführt. Das Blitzlicht lässt sich allerdings auch als Anfangs-, Zwischen- und Schlussblitzlicht verwenden. Ein Blitzlicht stellt somit eine Momentaufnahme des Lehr-Lernprozesses dar.

Der *Risikokreis* aus dem Praxisbeispiel „KNOW-HOW – NO-HAU": Anhand des Risikokreises können Teilnehmerinnen und Teilnehmer eine Auswahl an risikoreichen Situationen zusammenstellen, in denen sie etwas verändern möchten. Aufgrund der Auswahl stehen die Chancen gut, dass die Teilnehmerinnen und Teilnehmer auch tatsächlich eine Situation finden, welche sie als Ausgangspunkt für den ersten Schritt einer Verhaltensänderung bestimmen wollen.

Die *themenzentrierte Interaktion* aus dem Praxisbeispiel „Gesprächsgruppe für psychisch kranke Menschen": Die themenzentrierten Interaktion nach Ruth Cohn bewährt sich zur Beobachtung und Beeinflussung des Gruppengeschehens. In Bildungssituationen wird ein Gleichgewicht zwischen den einzelnen Teilnehmerinnen und Teilnehmer, dem Thema und dem Gruppenzusammenspiel angestrebt, wobei diese nicht losgelöst vom gesellschaftlichen Kontext betrachtet werden dürfen.

Die *Evaluation* aus dem Praxisbeispiel „Careplay": Evaluationen dienen der Erfassung und Bewertung von Prozessen und Ergebnissen der Bildungsbemühungen. Bildungsangebote lassen sich auf unterschiedliche Arten evaluieren. Am Gebräuchlichsten sind Evaluationen, in welchen die Teilnehmerinnen und Teilnehmer zum Schluss der Bildungsveranstaltung direkt befragt werden. In der Regel werden hierzu entweder mündliche Aussagen mittels Feedbackrunden oder aber schriftliche Aussagen mittels Fragebogenbefragungen eingeholt.

Eignungseinschätzung

Bei vielen Bildungsangeboten wird die Eignung von potentiellen Teilnehmerinnen und Teilnehmern auf der Grundlage von Vorgesprächen eingeschätzt. Die Einschätzung der Eignung kann im Sinne einer möglichst optimalen Passung in zwei Richtungen betrachtet werden: Es kann sowohl die Passung von Person zum Angebot also auch die Passung von Angebot zur Person geprüft werden.

Handlungsanleitung: Klären Sie in Vorgesprächen die Eignung der Teilnehmerinnen und Teilnehmer für das Angebot respektive die Eignung des Angebotes für die Teilnehmerinnen und Teilnehmer. In diesen Vorgesprächen lassen sich wichtige Informationen zu notwendig werdenden Anpassungen des Angebotes an die Bedürfnisse der Teilnehmerinnen und Teilnehmer sammeln. Darüber hinaus können auch etwaig vorhandene Widerstände der Teilnehmerinnen und Teilnehmer thematisiert und behoben werden. Ausschlussgründe für potentielle Teilnehmerinnen und Teilnehmer können beispielsweise in unzureichenden kognitiven, sprachlichen und psychischen Ressourcen begründet liegen, welche sich mit folgenden oder ähnlichen Fragen prüfen lassen (Bundesamt für Justiz, 2006, S. 34):

- *Kognitive Ressourcen*: Genügen Auffassungsgabe und Konzentration, um Gespräche zu verstehen?

- *Sprachliche Ressourcen*: Werden einfache Texte in deutscher Sprache verstanden?

- *Psychische Ressourcen*: Besteht keine übermässige Angst vor der Interaktion in Gruppen?

Für eine solche Prüfung eignet sich ein auf die Bildungssituation zugeschnittener Kriterienkatalog, solange die einzelnen Kriterien möglichst aussagekräftig gehalten werden. Ein solcher Kriterienkatalog kann beispielsweise nach dem folgenden Muster aufgebaut werden (Meier, 2005, S. 174):

Kriterium	Merkmal	Bedeutung			K.o.?
Gründe für die Teilnahme	....	☐ 3	☐ 2	☐ 1	ja/nein
Dringlichkeit der Teilnahme	....	☐ 3	☐ 2	☐ 1	ja/nein

Abbildung 2: Muster zur Erstellung eines Kriterienkataloges

Die hier noch zu bestimmenden Merkmale dienen der Operationalisierung der Kriterien. Kriterien, welche unbedingt erfüllt sein müssen, können als sogenannte K.-o.-Kriterien ausgewiesen werden, wodurch eine fehlende Eignung sofort augenfällig wird.

Tipps: Meier (2005, S. 175) empfiehlt, die Kriterien mit einer Punktzahl zu bewerten, damit der Aufnahmeentscheid auf der Grundlage einer Punktzahl getroffen werden kann. Hierzu multipliziert man die Bedeutung des Kriteriums mit der Einschätzung, in welchem Umfang das Kriterium erfüllt wird. Anschliessend werden die Ergebnisse aller Kriterien addiert: Je höher der Gesamtwert ist, desto sinnvoller ist die Teilnahme.

Barometer

Diese Methode bringt die Teilnehmerinnen und Teilnehmer in Bewegung. Das Barometer kann beispielsweise zur Selbsteinschätzung, zum Vergleich untereinander oder zur Auswertung eines Bildungsangebotes eingesetzt werden.

Handlungsanleitung: Die Teilnehmerinnen und Teilnehmer werden aufgefordert, sich im Raum zwischen zwei Polen aufzustellen. Hierzu positionieren sich die Teilnehmerinnen und Teilnehmer auf einer Diagonalen wie beispielsweise auf einer Skala von 0% bis 100%. Die Diagonale kann mit Klebeband oder einem Seil markiert werden (Klein, 2003, S. 16 f.).

Der Leiter kann beispielsweise die folgenden Anweisungen geben:

„Positionieren Sie sich wie folgt im Raum… ganz rechts bei 100%, wenn Sie Ihren Cannabiskonsum völlig unter Kontrolle haben oder ganz links bei 0%, wenn Sie Ihren Cannabiskonsum überhaupt nicht unter Kontrolle haben."

0%...100%

Abbildung 3: Barometer zur Selbsteinschätzung

Tipps: Die Positionierung im Raum bietet einen ersten Überblick zur gestellten Frage. Für eine vertiefte Auseinandersetzung bieten sich Anschlussfragen an. Beispiele:

1) Sie fordern die Gruppe zum Nachdenken auf: Wie fühlen Sie sich da, wo Sie jetzt stehen?

2) Sie bitten die Personen ganz links, mittendrin oder ganz rechts der Gruppe mitzuteilen, wie es Ihnen in ihrer Position ergeht?

3) Sie fordern die Gruppe auf, sich neu zu positionieren: Wo möchte ich am Ende des Bildungsangebotes stehen?

Symbolkarten

Die Arbeit mit Symbolen ist besonders bei emotional besetzten Themen hilfreich. Eigene Gefühle können mit geeigneten Symbolen oft besser als mit Worten ausgedrückt werden. Insbesondere beim Einstieg in ein neues Thema oder als Übung zum gegenseitigen Kennenlernen können Symbolkarten gewinnbringend eingesetzt werden. Es fördert sowohl den Austausch in der Gruppe als auch die Vertrautheit untereinander, wenn jede Person etwas Persönliches von sich preisgibt. Insbesondere auch für Menschen, welche aufgrund ihres Bildungs- oder Migrationshintergrundes nicht über die sprachlichen Mittel verfügen, um eigenen Gefühlszuständen in befriedigendem Mass Ausdruck zu verleihen, vereinfacht die Arbeit mit Bildern oder Fotos die Kommunikation mit anderen.

Handlungsanleitung: Die Leitung soll sich eine möglichst grosse Sammlung von Bildern mit einer breiten Auswahl an unterschiedlichen Symbolen wie beispielsweise Tieren, Stimmungsbilder, Abbildungen, Menschen, Landschaften usw. zulegen. Anschliessend kann wie folgt vorgegangen werden (Knoll, 1992, S. 172):

1. Schritt: Verteilen Sie die Symbolkarten auf dem Boden. Es sollte ungefähr die doppelte Menge an Karten wie Teilnehmerinnen und Teilnehmer vorhanden sein.
2. Schritt: Fordern Sie nun alle Teilnehmerinnen und Teilnehmer auf, sich nach einem bestimmten Auswahlkriterium eine Karte auszusuchen. Beispiel: „Welche Karte passt am Besten zu deiner gegenwärtigen Befindlichkeit als Pflegemutter oder als Pflegevater?
3. Schritt: Die Teilnehmerinnen und Teilnehmer sollen in Ruhe eine Symbolkarte auswählen und diese vor sich auf den Boden legen.
4. Schritt: Laden Sie nun alle Teilnehmerinnen und Teilnehmer ein, etwas zu ihrer Symbolkarte zu sagen. Je nach Situation kann die Reihenfolge der Wortmeldungen vorgegeben oder freigestellt werden.

Tipps: Der zweite Schritt kann variiert werden, indem offenere Fragen wie beispielsweise „Was spricht dich besonders an?" gestellt werden, statt mit einem Auswahlkriterium Zustände zu erfragen. Bei grösseren Gruppen bewährt es sich, die Symbolkarten erst in Kleingruppen von drei bis vier Personen vorzubesprechen, um dann diese Überlegungen in die grössere Gruppe einzubringen.

Rekonstruktion

Die Rekonstruktion einer Situation wird mit dem Ziel durchgeführt, ein in dieser Situation erfolgtes, problematisches Verhalten zukünftig vermeiden respektive ein günstiges Verhalten verstärkt zeigen zu können. Es ist davon auszugehen, dass die Bewusstwerdung des gezeigten Verhaltens zukünftig die Chancen für die Vermeidung des problematischen Verhaltens respektive die Wiederholung des günstigen Verhaltens erhöht.

Handlungsanleitung: Im Folgenden wird die Handlungsanleitung im Hinblick auf ein problematisches Verhalten beschrieben, wobei sich diese auch auf die Förderung von als günstig zu wertenden Verhaltensweisen übersetzen liesse: Die Leitung erklärt den Teilnehmerinnen und Teilnehmer das Ziel der Rekonstruktion: „Wer weiss, wie ein Fehler zustande gekommen ist, hat gute Chancen ihn in Zukunft zu vermeiden." Anschliessend sollen die Teilnehmerinnen und Teilnehmer die folgenden Fragen beantworten:

- Warum habe ich das problematische Verhalten in der Situation XY gezeigt?

Beispiel: Ich habe an der Geburtstagsfeier meines Freundes nicht auf meinen Weinkonsum geachtet und daher fünf Gläser Wein getrunken.

- Was für problematische Verhaltensweisen (bspw. Auto fahren) habe ich anschliessend gezeigt?

Beispiel: Anschliessend habe ich mich ins Auto gesetzt und bin nach Hause gefahren.

- Welche Gedanken habe ich mir dabei gemacht?

Beispiel: Ich habe gedacht „Oh Mann, hoffentlich werde ich heute nicht von der Polizei kontrolliert. Warum habe ich nur so viel getrunken? Ein Glas Wein hätte auch gereicht.“

Tipps: Bei der Rekonstruktion des eigenen Verhaltens besteht die Gefahr, dass die Teilnehmenden das eigene Verhalten zu oberflächlich oder sogar verfälscht wiedergeben. Aus diesem Grund ist es nützlich, die Teilnehmenden aufzufordern, sich gegenseitig ein kritisches Feedback auf die Rekonstruktion des eigenen Verhaltens zu geben.

Blitzlicht

Ein Blitzlicht stellt eine möglichst kurze Rückmeldung auf eine von der Leitung gestellte Frage dar. Aufgrund der Kürze der Wortmeldung wird diese Methode als „Blitzlicht" bezeichnet. Ein Blitzlicht stellt somit eine Momentaufnahme des Lehr-Lernprozesses dar, wodurch sowohl der kognitive Leistungsstand („Wo stehen wir inhaltlich, was ist klarer geworden, was ist noch unklar?") als auch die emotionale Befindlichkeit („Was empfinden wir, was stört uns, worüber freuen wir uns?") erhoben werden soll (Siebert, 2008, S. 90).

Handlungsanleitung: Üblicherweise wird das Blitzlicht in einem Stuhlkreis und zum Schluss einer Bildungsveranstaltung durchgeführt. Das Blitzlicht lässt sich allerdings auch als Anfangs-, Zwischen- und Schlussblitzlicht verwenden. In der Regel äussern sich die Teilnehmenden der Reihe nach. Alternativ kann auch ein

Ball oder ein anderer Gegenstand von Teilnehmer zu Teilnehmer geworfen werden, wodurch der Ablauf der Wortmeldungen etwas dynamischer gestaltet werden kann.

Bei erstmaliger Verwendung des Blitzlichtes kann es sich als sinnvoll erweisen, wenn die Regeln des Blitzlichtes für alle sichtbar auf einem Flipchart festgehalten werden:

- *Eine Person spricht*: Es spricht immer nur eine Person, die anderen hören zu.
- *Ich-Form verwenden*: Für Wortmeldungen wird ausschliesslich die Ich-Form verwendet.
- *Nur 1-2 Sätze:* Die Wortmeldungen sollen möglichst kurz sein. In der Regel umfassen sie ein bis zwei Sätze.
- *Kein Kommentar*: Die Wortmeldungen werden weder von der Leitung noch von den anderen Teilnehmenden kommentiert. Allenfalls können Verständnisfragen gestellt werden
- *Kein Zwang:* Die Teilnehmenden müssen sich nicht unbedingt äussern, es besteht kein Zwang zur Wortmeldung.

Tipps: Als Variante kann auch ein symbolisches Blitzlicht eingesetzt werden. Bei dieser Form des Blitzlichtes geben die Teilnehmer ihre Rückmeldung ohne Worte. Hierzu können beispielsweise zwei Behälter verwendet werden, welche mit „Positiv" und „Negativ" oder ähnlich bezeichnet sind. Die Teilnehmenden erhalten ein Objekt wie einen kleinen Ball und können diesen in einen der zwei Behälter legen. Eine Frage könnte zum Beispiel lauten: „Wie erleben Sie momentan die Stimmung in der Gruppe?"

Risikokreis

Anhand des Risikokreises können Teilnehmerinnen und Teilnehmer eine Auswahl an risikoreichen Situationen zusammenstellen, in denen sie etwas verändern möchten. Aufgrund der Auswahl stehen die Chancen gut, dass die Teilnehmerinnen und Teilnehmer auch tatsächlich eine Situation finden, welche sie als Ausgangspunkt für den ersten Schritt einer Verhaltensänderung bestimmen wollen. Der Einsatz dieser Methode kann insbesondere dann erwogen werden, wenn die Teilnehmer die Absicht bekunden, ein Verhalten ändern zu wollen, aber noch nicht wissen, wo genau sie ansetzen sollen.

Handlungsanleitung: Als Einstieg sollen die Teilnehmerinnen und Teilnehmer über Situationen aus ihrem Alltag berichten, in welchen sie ein problematisches Verhalten gezeigt haben. So berichtet ein sechzehnjähriger Teilnehmer beispielsweise von seiner Überzeugung, dass beim Überqueren eines Platzes alle anderen Passanten zur Seite gehen müssten. Falls dies nicht geschehe, so sei dies ein Zeichen dafür, dass ihn die anderen nicht respektieren. Zur Wiederherstellung dieses Respekts habe er bisher Schlägereien provoziert, was er nun aber ändern wolle.

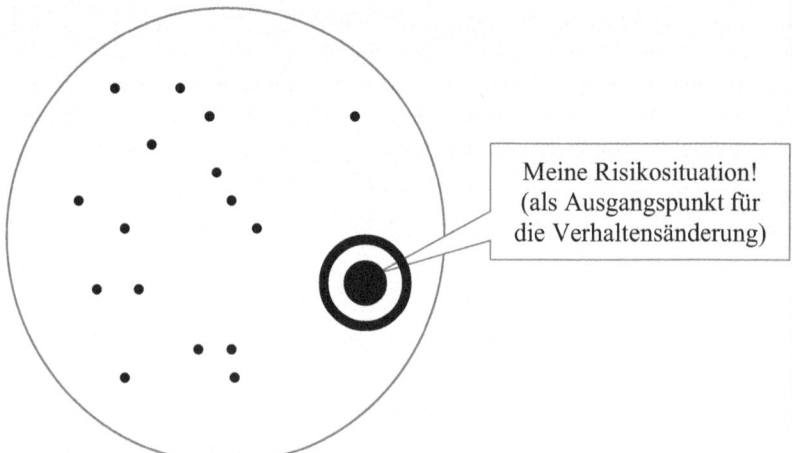

Abbildung 4: Risikokreis mit ausgewählter Risikosituation

1. Schritt: Die Teilnehmerinnen und Teilnehmer zeichnen einen Kreis und verorten in diesem Kreis ihre Risikosituationen. Diese Risikosituationen können mit Punkten, Kreuzen, Blitzen usw. visualisiert werden. Alternativ können statt einem gezeichneten Kreis auch ein Reifen und statt den Punkten verschiedene Gegenstände verwendet werden, welche auf dem Boden ausgelegt werden.

2. Schritt: Nun sind die Teilnehmerinnen und Teilnehmer aufgefordert, die visualisierten Situationen auf deren Risikopotential hin einzuschätzen und eine Situation auszuwählen, welche sie bearbeiten wollen. Beispielsweise könnte sich ein Teilnehmer wie folgt äussern: „Also, eine heikle Risikosituationen ist die: Ich komme am Wochenende nach dem Fussballmatch aus dem Stadion und habe ein paar Bier getrunken. Da werde ich immer wieder in Schlägereien verwickelt. Das möchte ich ändern." Leiterin: „Als wie hoch würden Sie das Risiko auf einer Skala von eins bis zehn einschätzen?" Teilnehmer: „Hm, mindestens acht ... ja, also schon acht Punkte!"

Tipps: Um Lernprozesse anzustossen, sollen Situationen ausgewählt werden, welche die Teilnehmerinnen und Teilnehmer herausfordern, ohne sie zu überfordern. In der Regel erkennt man diese Situationen daran, dass die Teilnehmerinnen und Teilnehmer die Situationen zwar nicht alleine, aber doch mit ausreichender Hilfestellung bearbeiten können. Entscheidend ist also, die Situation so auszuwählen, dass die Teilnehmerinnen und Teilnehmer überhapt eine Chance haben, etwas dazuzulernen: Ist die Situation zu einfach zu bewältigen, brauchen sie nichts zu lernen. Ist die Situation zu schwierig zu bewältigen, können sie nichts lernen.
Der Risikokreis ist indessen nicht nur für Risikosituationen anwendbar, welche die Teilnehmerinnen und Teilnehmer noch nicht bewältigen können. Im Verlauf eines Kurses kann der Risikokreis auch dazu eingesetzt werden, den Teilnehmerinnen und Teilnehmern eigene Fortschritte vor Augen zu führen. So kann ihnen bei der Beurteilung der Situationen auch bewusst gemacht werden, dass sie einige der Risikosituationen heute bereits als bewältigbar einschätzen.

Themenzentrierte Interaktion

Zur Beobachtung und Beeinflussung des Gruppengeschehens hat sich das Vier-faktorenmodell der themenzentrierten Interaktion nach Ruth Cohn bewährt (Klein, 2002, S. 86ff.). In Bildungssituationen wird ein Gleichgewicht zwischen den einzelnen Teilnehmerinnen und Teilnehmer mit ihren individuellen Erfah-rungen, Anliegen und Gefühlen (ICH), dem Thema (SACHE) und dem Grup-penzusammenspiel (WIR) angestrebt. Diese drei Faktoren sind nicht losgelöst vom gesellschaftlichen Kontext zu betrachten, sondern in diesen vierten Faktor eingebettet (GLOBE).

Handlungsanleitung: Sind die vier Faktoren aus dem Gleichgewicht geraten, so kann dieses durch Ausbalancieren wiederhergestellt werden. Das folgende Bei-spiel aus dem Erwachsenenbildungsalltag soll dieses Ausbalancieren im Rahmen des Handlungsansatzes der themenzentrierten Interaktion veranschaulichen hel-fen: Wir gehen davon aus, dass sich ein Teilnehmer über längere Zeit nicht am Gruppengespräch beteiligt und häufig auf den Boden schaut, was dem Leiter auffällt. Er vermutet, dass sich die Meinung des Teilnehmers (ICH) zum behan-delten Thema (ES) vom Gruppenkonsens (WIR) unterscheidet. Möglicherweise wagt sich der Teilnehmer auch deswegen nicht zu äussern, weil seine Meinung obdrein einer gesellschaftlich geteilten Ansicht des Themas widerspricht (GLO-BE). Der Leiter spricht dies an: „Mir fällt auf, dass Sie sich nicht zum Thema äussern. Ich vermute, dass Sie sich deswegen nicht zum Thema äussern, weil Sie eine andere Meinung zum behandelten Thema haben als die Gruppe. Ich würde allerdings gerne ihre Meinung hören, da die Gruppe durch Ihre Meinung zum Thema möglicherweise etwas Neues lernen könnte." Mit dieser Intervention wird der Teilnehmer aufgefordert, Stellung zu beziehen. Diese Stellungsnahme kann nun von der Gruppe aufgegriffen und bearbeitet werden, um erneut ins Gleichgewicht zu kommen und so zu neuen Erkenntnissen zu gelangen.

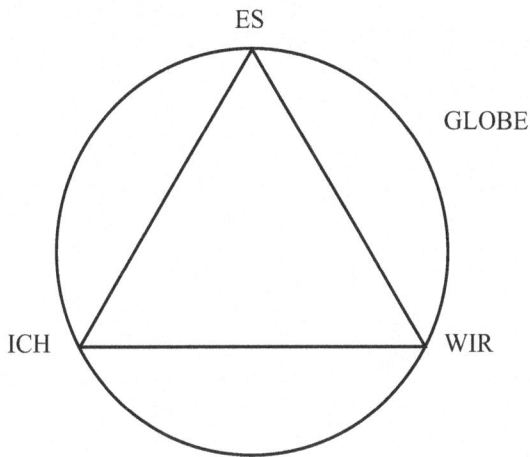

Abbildung 5: Visualisierung des Vierfaktorenmodells der themenzentrierten Interaktion

Tipps: Es kann sich als hilfreich erweisen, wenn das Vierfaktorenmodell mittels eines von einem Kreis eingeschlossenen Dreieck für die Teilnehmerinnen und Teilnehmer visualisiert wird: Die drei Ecken des Dreiecks stehen für die drei Faktoren ICH, ES und WIR, während der Kreis den vierten Faktor (GLOBE) symbolisiert.

Evaluation

Evaluationen im Bildungsbereich dienen der Erfassung und Bewertung von Prozessen und Ergebnissen der Bildungsbemühungen (Reischmann, 1995, S. 1). Die wichtigsten Ziele von Evaluationen bestehen erstens in der Gewinnung von Erkenntnissen, zweitens in der Ausübung von Kontrolle, drittens in der Schaffung von Transparenz und viertens in der Dokumentation des Erfolgs respektive der Legitimation (Stockmann, 2004, S. 3).

Handlungsanleitung: Bildungsangebote lassen sich auf unterschiedliche Arten evaluieren (vgl. hierzu beispielsweise Schölß, Krug, Baumann & Flierler, 2006; Paschen & Schmitz, 2009). Am Gebräuchlichsten sind Evaluationen, in welchen die Teilnehmerinnen und Teilnehmer zum Schluss der Bildungsveranstaltung direkt befragt werden. In der Regel werden hierzu entweder mündliche Aussagen mittels Feedbackrunden oder aber schriftliche Aussagen mittels Fragebogenbefragungen eingeholt. Insbesondere die Fragebogenbefragung erfreut sich der grössten Beliebtheit, da diese verhältnismässig wenig Zeit in Anspruch nimmt und sich hier die Teilnehmerinnen und Teilnehmer anonym äussern können. Im Folgenden sollen einige Empfehlungen für die Erstellung solcher Fragebogen abgegeben werden:

Die Fragen eines Fragebogens sollten möglichst kurz, verständlich und konkret formuliert sein. Bevor ein Fragebogen zur Evaluation von Bildungsveranstaltungen Verwendung findet, sollte dessen Tauglichkeit geprüft werden.
Häufig übersehen wird der Einfluss der Antwortskalen auf das Antwortverhalten der Befragten. Ein bekanntes Phänomen ist die so genannte „Tendenz zur Mitte", bei welcher viele Befragten vorzugsweise die in der Mitte einer Antwortskala liegenden Antworten ankreuzen. Um dies zu verhindern, sollten Antwortskalen vorgegeben werden, welche eine eindeutige Positionierung der Befragten erzwingen. Ein Beispiel einer solchen Skala könnte wie folgt beschaffen sein:

Bitte teilen Sie uns mit, inwiefern Sie der folgenden Aussage zustimmen: „Die Grösse der Kursgruppe war gerade richtig."

stimmt	stimmt eher	stimmt eher nicht	stimmt nicht
☐	☐	☐	☐

In diesem Beispiel wurde eine geschlossene Frage formuliert. Es lassen sich im Rahmen von Fragebogenbefragungen mit geschlossenen Fragen, offenen Fragen und Hybridfragen drei Fragetypen voneinander unterscheiden:

Bei *geschlossenen Fragen* werden Antwortalternativen vorgegeben, zwischen welchen sich die Befragten entscheiden müssen. Der Vorteil dieses Fragetyps liegt in der raschen Auswertung der Fragen. Der Nachteil dieses Fragetyps besteht in der fehlenden Berücksichtigung von möglicherweise individuell abweichenden Antworten.

Bei *offenen Fragen* können die Befragten ihre Antworten in eigenen Worten formulieren. Der Vorteil dieses Fragetyps liegt darin, dass die Subjektivität der Befragten berücksichtigt werden kann und nicht aussen vor bleibt. Der Nachteil dieses Fragetyps liegt in der Notwendigkeit zur nachträglichen Bildung von Auswertungskategorien, was mit einem grossen Aufwand verbunden ist. Darüber hinaus wird die Artikulationsfähigkeit der Teilnehmerinnen und Teilnehmer hier auch stärker gefordert.

Um die oben genannten Vorteile der geschlossenen und offenen Fragen möglichst zu maximieren respektive deren Nachteile zu minimieren, können auch so genannte *Hybridfragen* eingesetzt werden. Bei Hybridfragen werden geschlossene und offene Fragen kombiniert vorgegeben. Die Befragten können zu den vorgegebenen Antwortalternativen zusätzlich weitere Antworten hinzufügen.

Tipps: Bevor ein selbst konstruierter Fragebogen zum Einsatz kommt, sollte dessen Brauchbarkeit mittels so genannter Pretests geprüft werden. Im Rahmen solcher Pretests wird der Fragebogen Testpersonen vorgelegt, welche der Zielgruppe des Bildungsangebotes möglichst ähnlich sein sollen. Nachdem die Testpersonen den Fragebogen ausgefüllt haben, kann der Fragebogen gemeinsam mit den Testpersonen auf mögliche Schwächen hin besprochen werden. So können beispielsweise redundante oder missverständliche Fragen entdeckt und eliminiert werden. Anschliessend wird der Fragebogen überarbeitet und erneut getestet.

5 Literaturverzeichnis

Aldington, S., Williams, M., Nowitz, M., Weatherall, M., Pritchard, A., McNaughton, A., Robinson, G. & Beasley, R. (2007). The effects of cannabis on pulmonary structure, function and symptoms. *Thorax, 62*, pp. 1058-1063.

Annaheim, B. & Gmel, G. (2008). *Veränderungen im Cannabiskonsum 2004-2007. Ergebnisse des Schweizerischen Cannabismonitorings.* Bundesamt für Gesundheit: Köniz.

Arnold, R. (2008). *Die emotionale Konstruktion der Wirklichkeit.* Baltmannsweiler: Schneider.

Beckert, J. & Lutter, M. (2007). Wer spielt, hat schon verloren? Zur Erklärung des Nachfrageverhaltens auf dem Lottomarkt. *Kölner Zeitschrift für Soziologie und Sozialpsychologie, 59* (2), 240–270.

Beer, U. (2008). Sekundärpatriarchalismus: Patriarchat in Industriegesellschaften. In R. Becker & B. Kortendiek (Hrsg.), *Handbuch Frauen- und Geschlechterforschung. Theorie, Methoden, Empirie* (2. Aufl.) (S. 59-64). Wiesbaden: Verlag für Sozialwissenschaften.

Brehm, S. S. & Brehm, J. W. (1981). *Psychological Reactance: A Theory of Freedom and Control.* New York: Academic Press.

Budney, A. J. & Hughes, J. R. (2006). The cannabis withdrawal syndrome. *Current Opinion in Psychiatry, 19*, pp. 233-8.

Bundesamt für Justiz (2006). *Lernprogramme als neue Interventionsform in der Strafjustiz – Schlussbericht zum Modellversuch 1999-2003.* Verfügbar unter http://www.bj.admin.ch/etc/medialib/data/sicherheit/straf_und_massnahmen/bermv.Par.0059.File.tmp/bericht_mv_lernprogramm-d.pdf (Zugriff am 19.05.2010)

Deutsche Hauptstelle für Sucht (2007). *Jahrbuch Sucht 2007.* Geesthacht: Neuland.

Dewe, B. (2005). Erwachsenenbildung. In H.-U. Otto & H. Thiersch (Hrsg.), *Handbuch Sozialarbeit und Sozialpädagogik* (3. Aufl.) (S. 411-437). München: Reinhardt.

Eidgenössische Kommission für Drogenfragen (2008). *Cannabis 2008. Update zum Cannabisbericht 1999.* Verfügbar unter: www.bag.admin.ch/themen/drogen/00042/00643/00646/index.html (Zugriff am 16.01.2010)

Eisner, M., Ribeaud, D. & Bittel, S. (2006). *Prävention von Jugendgewalt. Wege zu einer evidenzbasierten Präventionspolitik.* Bern: Eidgenössische Ausländerkommission.

Enzmann, D. (2002). Die Rolle gewaltlegitimierender Männlichkeitsnormen zur Erklärung jugendlicher Gewaltdelinquenz. In D. Gause & H. Schlottau (Hrsg.), *Jugendgewalt ist männlich. Gewaltbereitschaft von Mädchen und Jungen* (S. 32-35). Hamburg: EB-Verlag.

Faulstich, P. & Zeuner, C. (2008). Erwachsenenbildung. Eine handlungsorientierte Einführung in Theorie, Didaktik und Adressaten (3. Aufl.). Weinheim: Juventa.

Fergusson, D. M., Poulton, R., Smith, P. F. & Boden, J. M. (2006). Cannabis and psychosis. *British Medical Journal, 332,* pp. 172-175.

Flammer, A. & Alsaker, F. D. (2002). *Entwicklungspsychologie der Adoleszenz. Die Erschliessung innerer und äußerer Welten im Jugendalter.* Bern: Huber.

Franzkowiak, P. & Schlömmer, H. (2003). Entwicklung der Suchtprävention in Deutschland: Konzepte und Praxis. *Suchttherapie, 4,* S. 175-182.

Fryers, T., Melzer, D., Jenkins, R. & Brugha, T. (2005). *The distribution of common mental disorders: social inequalities in Europe.* Verfügbar unter http://www.cpementalhealth.com/content/1/1/14 (Zugriff am 14. Juni 2009)

Galuske, M. (2007). *Methoden der Sozialen Arbeit. Eine Einführung* (7. Aufl.). Weinheim: Juventa.

Gehres, W. & Hildenbrand, B. (2008). *Identitätsbildung und Lebensverläufe bei Pflegekindern.* Wiesbaden: Verlag für Sozialwissenschaften.

Geiser, K. (2007). *Problem- und Ressourcenanalyse in der Sozialen Arbeit. Eine Einführung in die Systemische Denkfigur und ihre Anwendung* (3. Aufl.). Interact: Luzern.

Geissler, R. (2008). Die Metamorphose der Arbeitertochter zum Migrantensohn. Zum Wandel der Chancenstruktur im Bildungssystem nach Schicht, Geschlecht, Ethnie und deren Verknüpfungen. In P. A. Berger & H. Kahlert (Hrsg.), Institutionalisierte Ungleichheiten. Wie das Bildungswesen Chancen blockiert (2. Aufl.) (S. 71-100). Weinheim: Juventa.

Häfeli, C. (2005). *Wegleitung für vormundschaftliche Organe* (4. Aufl.). Zürich: Kdmz.

Henry, J. A., Oldfield, W. L. G. & Kon, O. M. (2003). Comparing cannabis with tobacco. *British Medical Journal, 326*, pp. 942-43.

Holzkamp, K. (1983). *Grundlegung der Psychologie*. Frankfurt a. M.: Campus.

Holsboer-Trachsler, E. & Vanoni, C. (2007). *Depression in der Praxis* (3. Aufl.). Wessobrunn: Socio-medico.

Jantz, O. (2003). Opfer in der Familie – Täter in der Peer-Group? Impulse aus der Täterarbeit für die Jungenarbeit. In O. Jantz & C. Grote (Hrsg.), *Perspektiven der Jungenarbeit. Konzepte und Impulse aus der Praxis* (S. 167-200). Opladen: Leske + Budrich.

Kern-Scheffeldt, W. (2005). Peer-Education und Suchtprävention. *SuchtMagazin, 5*, S. 3-10.

Klein, Z. M. (2003). *Kreative Seminarmethoden. 100 kreative Methoden für erfolgreiche Seminare*. Offenbach: GABAL.

Klein, I. (2002). *Gruppenleiten ohne Angst. Ein Handbuch für Gruppenleiter* (9. Aufl.). Donauwörth: Auer.

Knoll, J. (1992). *Kurs- und Seminarmethoden. Ein Trainingsbuch zur Gestaltung von Kursen und Seminaren, Arbeits- und Gesprächskreisen* (8. Aufl.). Weinheim: Beltz.

Kokkevi, A., Gabhain, S. N. & Spyropoulou, M. (2006). Early initiation of Cannabis use: a cross-national European perspective. *Journal Adolescent Health, 39,* pp. 712-719.

Laubenthal, K. (2008). *Strafvollzug* (5. Aufl.). Berlin: Springer.

Maelicke, F. (1999). Straffälligenhilfe für Jugendliche, Heranwachsende und Erwachsene. In K. A. Chassé & H.-J. Wensierski (Hrsg.), *Praxisfelder der Sozialen Arbeit. Eine Einführung.* (S. 399-415). Weinheim: Juventa.

Mann, K., Laucht, M. & Weyerer, S. (2009). Suchterkrankungen in der Lebensspanne. *Der Nervenarzt, 80* (11), S. 1293-1301.

Meier, R. (2005). *Praxis Weiterbildung.* Offenbach: GABAL.

Messinis, L., Kyprianidou, A., Malefaki, S. & Papathanasopoulos, P. (2006). Neuropsychological deficits in long-term frequent cannabis users. *Neurology, 66,* pp. 737-739.

Metzger, M. (2008). Sozialräumliche Lebensweltanalyse von jugendlichen Bahnhofscliquen. *Zeitschrift für soziale und sozialverwandte Gebiete, 8,* 303-306.

Meyer, G. & Bachmann, M. (2005). *Spielsucht. Ursachen und Therapie* (2. Aufl.). Heidelberg: Springer.

Ministry of Public Health of Belgium (2002). *Cannabis Report 2002. A joint international effort at the inititative of the Ministers of Public Health of Belgium, France, Germany, The Netherlands, Switzerland.* Brussel: Ministry of Public Health of Belgium.

Miller, T. (2002). Erwachsenenbildung in der Sozialen Arbeit. Vielfältige Formen, wenig Beachtung. *Erwachsenenbildung, 48* (4), S. 181-182.

Miller, T. (2003). *Sozialarbeitsorientierte Erwachsenenbildung. Theoretische Begründung und Praxis.* Neuwied: Luchterhand.

Müller-Spahn, F. & Margraf, J. (2002). *Wenn Spielen pathologisch wird.* Freiburg: Karger.

Neuenschwander, M., Frick, U., Gmel, G. & Rehm, J. (2005). Cannabiskonsum in der Schweiz: Prävalenz und Determinanten für Risikokonsum. *Suchttherapie* *6*, S. 126-132.

Obrecht, W. (1996). Ein normatives Modell rationalen Handelns. Umrisse einer wert- und wissenstheoretischen allgemeinen normativen Handlungstheorie für die Soziale Arbeit. In Schweizerische Arbeitsgemeinschaft der Fachhochschulen für Soziale Arbeit (Hrsg.), *Das Theorie-Praxis-Problem als Problem der Ausbildung in Sozialer Arbeit* (S. 31 – 70). Luzern: SASSA.

Obrecht, W. (2006). Interprofessionelle Kooperation als professionelle Methode. In B. Schmocker (Hrsg.), *Liebe, Macht und Erkenntnis. Silvia Staub-Bernasconi und das Spannungsfeld Soziale Arbeit* (S. 408-445). Interact: Luzern.

Paschen, W. & Schmitz, M. (2009). *Evaluation in der Erwachsenenbildung. Eine Langzeitstudie über vierzehn Jahre am Beispiel eines berufsbegleitenden Studiengangs.* Berlin: Lehmann.

Quilling, E. & Nicolini, H. J. (2007). *Erfolgreiche Seminargestaltung. Strategien und Methoden in der Erwachsenenbildung.* Wiesbaden: Verlag für Sozialwissenschaften.

Reichertz, J., Niederbacher, A., Möll, G., Gothe, M. & Hitzler, R. (2010). *Jackpot. Erkundungen zur Kultur der Spielhallen.* Wiesbaden: Verlag für Sozialwissenschaften.

Reischmann, J. (1995). *Evaluation von Bildungsprozessen.* Universität Kaiserslautern: Zentrum für Fernstudien und universitäre Weiterbildung.

Ribeaud, D. & Eisner, M. (2008). *Entwicklung von Gewalterfahrungen Jugendlicher im Kanton Zürich. Schlussbericht zuhanden der Bildungsdirektion des Kantons Zürich.* Zürich: Universität Zürich – Pädagogisches Institut.

Richter, M. (2005). *Gesundheit und Gesundheitsverhalten im Jugendalter. Der Einfluss sozialer Ungleichheit.* Wiesbaden: Verlag für Sozialwissenschaften.

Rosenbrock, R. (2006). Gesundheitspolitik. In K. Hurrelmann, U. Laaser & O. Razum (Hrsg.), *Handbuch Gesundheitswissenschaften* (4. Aufl.) (S. 1079-116). Weinheim: Juventa.

Schmid, H., Delgrande Jordan, M., Kuntsche, E. N., Kuendig, H. & Annaheim, B. (2008). *Der Konsum psychoaktiver Substanzen von Schülerinnen und Schülern in der Schweiz.* Verfügbar unter http://www.hbsc.ch/pdf/hbsc_bibliographie_3.pdf (Zugriff am 20.06.2009)

Schmocker, B. (2006). Liebe, Macht und Erkenntnis. In B. Schmocker (Hrsg.), *Liebe, Macht und Erkenntnis. Silvia Staub-Bernasconi und das Spannungsfeld Soziale Arbeit* (S. 378-408). Interact: Luzern.

Schneider, C. & Häfeli, J. (2004). Glücksspiel in der Schweiz – Früherkennung von ProblemspielerInnen in Kasinos. *SuchtMagazin, 6,* S. 14 – 20.

Schneider, N. F., Krüger, D., Lasch, V., Limmer, R. & Matthias-Bleck, H. (2001). *Alleinerziehen. Vielfalt und Dynamik einer Lebensform.* Weinheim: Juventa.

Schölß, J., Krug, M., Baumann, M. & Flierler, N. (2006). *Qualitätssicherung durch Evaluation in der Erwachsenenbildung: Leitfaden für die Bildungsarbeit.* Saarbrücken: Vdm.

Schwind, H.-D., Böhm, A. & Jehle, J.-M. (2005). *Strafvollzugsgesetz* (4. Aufl.). Berlin: De Gruyter.

Siebert, H. (2008). Methoden *für die Bildungsarbeit. Leitfaden für aktivierendes Lehren* (3. Aufl.). Bielefeld: Bertelsmann.

Soellner, R. & Kleiber, D. (2005). Prävention von Cannabiskonsum und -missbrauch: Evidenzbasiert oder nur gut gemeint? *Suchttherapie 6,* S. 116-125.

Sommer, B. (2009). *Didaktische Überlegungen als Grundlage und Orientierungshilfe für sozialpädagogisches Handeln.* Marburg: Tectum.

Staub-Bernasconi, S. (2007). *Soziale Arbeit als Handlungswissenschaft. Systemtheoretische Grundlagen und professionelle Praxis.* Bern: Haupt.

Stimmer, F. (2000). *Grundlagen des methodischen Handelns in der Sozialen Arbeit.* Stuttgart: Kohlhammer.

Stockmann, R. (2004). *Was ist eine gute Evaluation? Einführung zu Funktionen und Methoden von Evaluationsverfahren.* Saarbrücken: Universität des Saarlandes Zentrum für Evaluation.

Weidenmann, B. (2008). *Handbuch Active Training. Die besten Methoden für lebendige Seminare* (2. Aufl.). Weinheim: Beltz.

Wetzstein, T., Erbeldinger, P. I., Hilgers, J. & Eckert, R. (2005). *Jugendliche Cliquen. Zur Bedeutung der Cliquen und ihrer Herkunfts- und Freizeitwelten.* Wiesbaden: Verlag für Sozialwissenschaften.

Widmer, M. (2003). Der Zwischenraum als Lebenswelt. "Sans-Papiers" in der Schweiz. In J. Rolshoven (Hrsg.), *Hexen, Wiedergänger, Sans-Papier... Kulturtheoretische Reflexionen zu den Rändern des sozialen Raumes* (S. 50–65). Marburg: Jonas.

Zatti, K. B. (2005). *Das Pflegekinderwesen in der Schweiz. Analyse, Qualitätsentwicklung und Professionalisierung.* Verfügbar unter http://www.bj.admin.ch/etc/medialib/data/gesellschaft/gesetzgebung/kinderbetreuung.Par.0001.File.tmp/ber_pflegekinder-d.pdf (23. Juni 2009)

Zimmermann, M. (2003). Nachschulungsprogramme für alkoholauffällige Fahrzeuglenkende in der Schweiz – Eine Vergleichanalyse. Verfügbar unter Gefunden am 7. Juli 2009 unter http://www.hapzh.ch/pdf/d/d1790.pdf (Zugriff am 7. Juli 2009)

The manufacturer's authorised representative in the EU is Springer
Nature Customer Service Centre GmbH, Europaplatz 3, 69115 Heidelberg,
Germany. If you have any concerns regarding our products, please
contact ProductSafety@springernature.com

Printed and bound by CPI Group (UK) Ltd, Croydon, CR0 4YY
27/04/2026
02097611-0003